John Campbell

Das Spanische Reich in Amerika,

oder Kurze Beschreibung aller spanischen Pflanzstädte und Besitzungen

John Campbell

Das Spanische Reich in Amerika,
oder Kurze Beschreibung aller spanischen Pflanzstädte und Besitzungen

ISBN/EAN: 9783743431300

Hergestellt in Europa, USA, Kanada, Australien, Japan

Cover: Foto ©ninafisch / pixelio.de

Weitere Bücher finden Sie auf **www.hansebooks.com**

Das Spanische Reich in Amerika

oder
kurze Beschreibung
aller
spanischen Pflanzstädte
und Besitzungen
vornemlich
in dem südlichen Theile desselben
und der
merkwürdigsten Oerter
in
Nord-Amerika
ingleichen
einiger in den mexicanischen Meerbusen
gelegenen Inseln.
Zum Gebrauch
bey den gegenwärtigen Kriegsunruhen
in diesem Welttheile herausgegeben.

Sorau,
bey Gottlob Hebold, 1763.

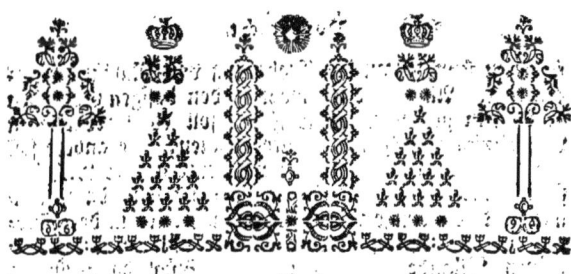

Vorbericht.

Unter die Vortheile, welche die Gelehrten und besonders die Erdbeschreiber von den Kriegen in auswärtigen Ländern haben, gehören vornemlich die Nachrichten, die man bey solcher Gelegenheit von der Beschaffenheit einer oder der andern Provinz, Gegend, Stadt oder Orte bekommt. Der Krieg, welcher zwischen den beyden grossen Mächten Spanien und Engeland hervorgebrochen ist, erfordert es, eine etwas umständlichere Beschreibung dererjenigen Provinzen und Reiche zu lesen, welche vermuthlich der Hauptgegenstand desselben werden möchten. Die reichen Gold- und Silberbergwerke, die kostbaren Perlenfischereyen, und andere dergleichen Naturproducte dieser Lande mehr, sind eine mächtige Lockspeise kriegender Partheyen, um in denselben durch ihre Tapferkeit und Muth Reichthümer und Vortheile zu erhalten. Die Engländer freuen sich, daß nunmehro der Weg zu diesen Reichthümern ihren Waffen offen stehe, um die sie bishero mit Sehnsucht herumgegangen sind. Sie fangen an, sich den Weg bis dahin rein zu machen, um in Rücken sicher

Vorbericht.

ſicher zu ſeyn, wozu die Eroberung von Martinik vieles beyträgt. Alles wird nunmehr in den daſigen Gegenden in Allarm gebracht. Eine Flotte ſoll die Eroberungen von *Florida* und *Quiſtiana* unternehmen; eine andere ſoll ſich der *Hvana* bemächtigen; noch eine andere wird das feſte Land auf der Nordſeite beunruhigen, da zu gleicher Zeit noch einige andere ſich an die Küſten in der Südſee, an die philippiniſchen Inſeln und an die canäriſchen Eilande machen, und ihr Glück da verſuchen werden. Alles dieſes ſcheint mir Bewegungsgrund genug zu ſeyn, der Welt die Beſchaffenheit der ſpaniſchen Beſitzungen in America näher kennen zu lernen. Ich habe mich hierinne bey dem ſüdlichen Theile am längſten aufgehalten, weil wir davon die beſten und ſicherſten Nachrichten haben. Es fehlte mir zwar nicht an Materien, auch die andern Landſchaften und Inſeln weitläuftiger abzuhandeln. Allein die Grenzen, welche ich mir ſelbſt geſetzet hatte, erlaubten es nicht, mehr davon zu ſagen, weil ich durch die Weitläuftigkeit das Buch nicht zu koſtbar machen wolte. Ich hoffe, daß ich unterdeſſen das wichtigſte werde erinnert haben, ſo wie es die neueſten Reiſen eines *De la Cordamine*, *Jean d'Allca*, *Bouguer* und andere mehr, angemerket haben. Dieſes muß ich noch erinnern, daß die homanniſchen Karten von *Peru* und *Clidi* ſehr ſchlecht zu gebrauchen ſind, daher zu wünſchen wäre, daß hiervon beſſere ans Licht geſtellet würden, wozu wir auch Hülfsmittel genug haben. Dieſes mag zu meinem Vorberichte genug ſeyn, das übrige überlaſſe ich die billigen Urtheile meiner Leſer. Dresden den 1. May 1762.

CAP. I.

Cap. I.
Von dem Königreiche Neu-Granada.

Alle Provinzen, welche die Spanier in dem südlichen Amerika besitzen, hatten seit den ersten Zeiten, da die Spanier sich daselbst feste setzten, unter dem Unterkönige von Peru in der Hauptstadt Lima gestanden, bis im Jahr 1718 nach *Santa Fe de Bogota*, der Hauptstadt in dem neuen Königreiche Granada, ein Unter-König gesetzet ward. Hierdurch wurden dem Unter-Könige zu Peru die Audiencien Quito und Panama entzogen, und dem erstern als ein Theil seiner Gerichtsbarkeit gegeben, doch blieb das Königreich *Terra firma*, zu welchem sonst die beyden gedachten Audiencien gehörten, noch unter der Gerichtsbarkeit der Unter-Könige zu Lima, wegen verschiedner Schwierigkeiten und Unordnungen aber, die daher entstanden, ward im Jahr 1722 diese neue Würde wieder abgeschaft, bis sie endlich im Jahr 1739 zum andernmale errichtet, und dem General-Lieutenant der königlichen Kriegsheere, Don Sebastian de Eslava, ertheilet wurde. Dieser gelangte auch im Jahr 1740 glücklich daselbst an, und behauptete die Würde eines Unter-Königes in den dasigen Königreichen mit grosser Klugheit und vielen Ruhme. Bey dieser zweyten Einrichtung wurde seiner Gerichtsbarkeit zugleich das ganze Königreich *Terra firma* unterworfen, und vor die Unter-Könige zu Peru abgesondert.

Die Länder, über welche derselbe seine Regierung erstrecket, sind also folgende:

    Das Königreich *Terra firma*.
    Das Königreich Neu-Granada.
    Die *Audiencia Quito*.

Jedes von diesen dreyen wollen wir jetzo weitläuftiger und nach seinen verschiedenen Eintheilungen durchgehen.

Königreich *Terra firma*.

Dieses Königreich begreift in sich die 3 Provinzien, Panama, Veraguas und Darien. Es nimmt gegen Norden seinen Anfang an dem Flusse Darien, und endiget sich gegen Westen mit dem Flusse *los Dorados*, und grenzt an die Nordsee. Gegen Westen fängt es sich hernach an der Südsee an, und geht von *Punta gorda* in *Costa Rica*, *Punta de Mariatos* und *Morro de Puercos* bis an den Meerbusen Dariens fort. Von hier gehet es gegen Süden längst an der Küste hin, durch *Puerto de Pinnas* und *Morro Quemado*, und endiget sich an der Bay *Van Buenaventura*. Die Länge von Morgen gegen Abend wird auf 180 Meilen gerechnet, ob es schon an der Küste über 230 Meilen lang ist. Die Breite von Mitternacht gegen Mittag ist einerley mit der Breite der Erdenge, woran die Provinz Panama einen Theil ausmacht, denn das übrige gehört zu der Provinz Darien. Die kleinste Breite dieser Erdenge ist von dem Flusse Darien und von Chagre an der Küste der Nordsee, bis an die Flüsse *Pito* und *Cagmito*, auf der Seite, wo die Südsee ist. Hier beträgt die Breite dieser Erdenge, von einem Meere bis an das andere, 14 Seemeilen. Gegen den *Choco* zu und gegen *Sitara* wird sie hernach breiter; wie auch auf der westlichen Seite in der Provinz *Veraguas*. Hier erstreckt sie sich von einem Meere bis zum andern auf 40 Seemeilen.

Nunmehro will ich die 3 Provinzien dieses Königreichs umständlicher durchgehen. Ich mache den Anfang mit der Provinz Panama, weil dieses die vornehmste ist. Die meisten bewohnten Plätze derselben befinden sich auf den Ebenen, die an das Seeufer stossen. Der übrige Theil des Landes besteht in rauhen und hohen Bergen, wo die Einwohner weder die nöthige Bequemlichkeit, noch die erforderliche Witterung
                                                              antref-

antreffen würden, und also auch dasjenige nicht haben könten, was zu ihrem Unterhalte nöthig wäre. Nach Beschaffenheit der hiesigen Luft und Gegend solte zwar das Land eben so viel Feldfrüchte hervorbringen als andere Gegenden, mit denen es gleiche Bewandnis hat; gleichwol findet man hier sehr wenig davon. Die Schuld liegt aber nicht an der Unfruchtbarkeit des Bodens, sondern daran, daß die Einwohner den Ackerbau gar nicht treiben, wie man denn in der ganzen Gegend um die Stadt Panama von keinem Feldbaue etwas weis, ausser was die Erde von sich selbst hervorbringt. Man schreibt dieses der grossen Neigung zur Handlung zu, wobey die Einwohner einen rechten Widerwillen gegen die Feldarbeit hegen. Es muß daher alles entweder von den peruanischen Küsten, oder aus andern Gegenden, welche unter der Gerichtsbarkeit von Panama stehen, zugeführet werden.

Die ganze Provinz Panama besteht aus 3 Städten vom ersten, und 1 Stadt vom andern Range, einer Festung und verschiedenen Flecken und Dörfern. Die 3 Städte vom ersten Range sind:

Panama,
Portobello und
Sant Jago de Nata de los Cavalleros.

Panama hat nicht nur das Vorrecht, daß sie die Hauptstadt der Provinz dieses Namens ist; sondern sie ist auch die Hauptstadt des ganzen Königreichs Terra firma. Sie liegt auf der Erdenge dieses Namens, nicht weit vom Ufer, an welches die Südsee, bey der beständigen Bewegung in der Ebbe und Fluth, zu spülen pflegt. Die nördliche Breite beträgt 8 Grad 57 Minuten 48 Secunden. Von der Länge finden sich verschiedene Meinungen, weil man sie noch durch keine astronomische Wahrnehmungen zu einer Gewißheit hat bringen können. Die Spanier setzen sie mehr westlicher als die französischen Erdbeschreiber, und sie scheinen auch hierinne mehr Glauben zu verdienen, da sie öfter von einer Stadt zur andern reisen; und also nothwendig die Sache besser untersuchen können. Ungefehr liegt es 31 Minuten weiter gegen Westen als Porrobello.

Die erste Nachricht, welche die Spanier von Panama erhalten haben, rühret von *Tello de Guzmann* her, dieser kam im Jahr 1515 in diese Gegend; er fand aber in derselben nur einige Wohnungen für
Fischer,

Fischer, welche hieher kommen, und sich der guten Gelegenheit zu fischen bedienen. Daher nennten die Indianer diesen Ort Panama, welches einen Platz bedeutet, wo viel Fische sind. Nach der Entdeckung von Panama erbauete *Pedrarias Davila* im Jahr 1518 daselbst einen Platz. Er war Statthalter in *Castilia del Oro*, mit welchem Namen man diesen Theil von *Terra firma* damals zu benennen pflegte. Im Jahr 1521 ertheilte der König und Kaiser Carl V. diesem Orte, mit allen hiebey erforderlichen Umständen, das Stadtrecht. Im Jahr 1670 ward sie von dem englischen Seeräuber, Johann Morgan, geplündert und in die Asche gelegt. Nach diesem Zufalle ward die Stadt in die Gegend verlegt, wo sie jetzo steht, etwan 1½ Seemeilen von dem Platze, wodurch zugleich ihre Lage verbessert ward. Sie ist nun um und um mit einer Mauer von Quatersteinen umgeben, und hat eine gantz zulängliche Besatzung von Feldsoldaten. Von derselben werden auch die nöthigen Besatzungen nach Darien, Portobello und *Chagre* abgeschickt.

Die Häuser sind alle von Holz ein Stockwerk hoch und mit Ziegeln gedeckt, dabey aber sehr geraum, und wegen der guten und übereinstimmenden Einrichtung der Fenster, schön anzusehen. Ausserhalb der Mauer ist eine ofne Vorstadt, welche einen noch grössern Umfang hat, als die Stadt selbst. Die Strassen sowol in der Stadt, als Vorstadt, sind gerade, breit und gröstentheils gepflastert. Im Jahr 1737 brannte sie durch Verwahrlosung fast gänzlich ab, doch blieb die Vorstadt unbeschädigt, weil zwischen beyden ein Zwischenraum von ungefähr 200 Wiesen ist. Nach diesem Zufalle sind die meisten Häuser von Kalk und Steinen aufgeführet worden, welches hier nicht schwer zu bekommen ist.

In dieser Stadt ist eine königliche *Audiencia*, worinne der Stadthalter in Panama den Vorsitz hat. Dieser ist auch zugleich Generalhauptmann des Königreichs *Terra firma*. Sie geniesst auch das Vorrecht, dass sie eine Cathedralkirche hat, wozu ein Bischoff, und eine mittelmäßige Anzahl von Pfründnern gehören. Ferner findet man hier einen *Aguntamiento* oder Stadtrath; der aus den ordentlichen Alcalden und Regidoren besteht; eine königliche Casse mit 3 Steuerbeamten, den Contador oder Rentmeister, dem *Thesorero* oder Schatzmeister, und dem Factor; endlich eine *Commissaria* der Inquistion, quisition, deren Glieder das Inquisitionsgerichte zu Carthagena ernennet.

Der Hafen dieser Stadt befindet sich in der Rhede derselben, und wird von verschiedenen Inseln bedeckt, darunter sind die 3 vornehmsten, *Isla de Noos, Perico* und *Flamencos*. Vor der mittelsten Insel ist der Ankerplatz, der ebenfals den Namen *Perico* führt. Die Schiffe liegen daselbst sicher genug. Die Entfernung von der Stadt beträgt ungefähr 2½ bis 3 Seemeilen. Sowol die Rhede als auch die ganze Küste, hat einen Uiberfluß an Fischen von verschiedenen Gattungen und sehr angenehmen Geschmacke. An den Ufern findet man allerhand Seemuscheln. Der Grund des Meeres ist hier sehr geschickt, Perlen zu zeugen, von welchen bald mehr gesagt werden soll. Ihre Muscheln sind sehr schmackhaft. In den Hafen *Perico* lauft die peruanische Flotte ein, wenn die Kaufleute auf die Messe wollen. Es fehlt diesen Hafen niemals an Fahrzeugen, denn es langen ihrer beständig aus den peruanischen Häfen mit Lebensmitteln an. Hieher kommen auch sehr viel Barken von der Küste, die nach *Choco*, oder nach den Häfen an der westlichen Küste dieses Königreichs, gehen wollen.

Panama ist die erste Stadt, wo der Schatz aus *Peru* ausgeschiffet wird, und welche die Waaren, die den Fluß *Chagre* hinaufgebracht werden, zuerst empfängt. Diese Handlung verschaft den dasigen Einwohnern grosse Vortheile, indem sie entweder ihre Häuser vermiethen, oder zu Fortschaffung der Güter, ihre Fahrzeuge und Maulesel hergeben, oder endlich ihre Negern herleihen, welche zu ganzen Haufen, die grossen und zerbrechlichen Sachen von *Cruces* aus forttragen: denn der kleine Weg, welcher von spitzigen Steinen und Felsen unterbrochen wird, und über das lange Gebirge, die *Cordilleras*, geht, ist so rauh und an manchen Orten so enge, daß die Ballen und Packe kaum durchgehen; und also kan man die Waaren nicht ohne gewisse Gefahr auf Mauleseln fortschaffen. Auch zu andern Zeiten, wenn die Flotte nicht zugegen ist, fehlt es dieser Stadt niemals an Fremden; denn alle diejenigen müssen fast nothwendig hindurch gehen, welche nach den Häfen der Südsee in *Peru*, oder aus diesen Häfen nach Spanien gehen wollen. Dazu kommt noch die beständige Handlung der peruanischen Schiffe mit Früchten, Mehle, Wein, Zuckerbranntweine, Ochduran, Seife, Unschlitte, Baumöle, Oliven und dergleichen. Die Schiffe, die von *Guayaquil* kommen, bringen *Cacao* und Fieberrinde mit.

Diese

Diese Waaren finden hier allemal Abgang, sonderlich zu Friedens-zeiten. Die Barken von den Küsten, die an der westlichen und östlichen Küste häufig herumfahren, versehen die Stadt mit Schweinen, Feder-viehe, Pöckelfleische, Unschlitte, Plantanen, Wurzeln und andern Le-bensmitteln.

Der Präsident in Panama hat die Macht, daß er jährlich einem oder zween Schiffen die Erlaubnis ertheilen kann, nach den Häfen Sun-sunate el Reakejo, und andern, zu gehen, die zu der Landschaft Guate-mala, und zu dem Königreiche Neu-Spanien gehören, daselbst Pech, Theer und Tackelwerk für die Fahrzeuge, die hier handeln, zu holen, und die Lebensmittel aus Peru nach den dasigen Häfen zu bringen, welche in Panama nicht vertrieben und verzehrt werden können. Darnen-lich aber verdient die reiche Perlenfischerey allhier eine besondere Auf-merksamkeit. Die Oerter, wo solche theure und kostbare Körner her-vorgebracht werden, sind die Gegenden um die Inseln el Rey, Tabago, und viel andere, deren Anzahl sich auf 43 erstrecket, welche in den dasi-gen Meerbusen einen kleinen Archipelagus vorstellen. Der erste, dem die Indianer hiervon Nachricht ertheilten, war Rasco Nunnez de Bal-boa. Als er in diese Gegend kam, um die Südsee zu entdecken: so beschenkte ihn der Cazike, Tumaco, mit einigen Perlen. Jetzo sind sie hier so gemein, daß selten jemand in Panama, der nur etwas in Vermögen hat, gefunden werden wird, der nicht einige Leibeigene Ne-gren zum Perlenfischen halten sollte. Weil die Art, wie die Perlen ge-fischet werden, nicht jedermann bekannt ist; so habe ich es für dienlich erachtet, hier einige Nachricht davon zu ertheilen.

Diejenigen, welche Negren haben, suchen darunter einige aus, die sich zur Perlenfischerey am besten schicken. Weil die Perlen unter dem Wasser hervorgeholt werden müssen; so ist es nöthig, daß solche Negren schwimmen, und den Odem lange an sich halten können. Sie werden daher zu dieser Verrichtung sorgfältig abgerichtet, und man sagt, daß sie nicht eher vor vollkommene Taucher gehalten werden, bis sie nach und nach tüchtig geworden, so lange unter dem Wasser zu blei-ben, bis ihnen das Blut aus Nase, Mund und Ohren dringt. Es ist auch eine gemeine Erzehlung in dem Lande, daß, wenn dieser Zufall sie einmal betroffen, sie hernach weit leichter, als zuvor, tauchen, und man befürchtet weder, daß sie davon Schaden nehmen können, weil das Bluten insgemein von sich selbst aufhört; noch daß sie demselben ein

andere

andermal unterworfen seyn werden. Diese Perlenfischer schicken alsdenn ihre Herrn auf die nur gedachten Inseln, wo sie ihren Aufenthalt, ihre Dörfchen, und ihre zur Fischerey dienliche Kaachen haben. In diese Laachen begeben sich 18 bis 20 Negren mit ihren Auffeher, manchmal auch mehr oder weniger, nachdem das Fahrzeug oder die Gesellschaft gros ist. Hierauf stossen sie vom Lande ab, und fahren an die Orte, von welchen sie schon wissen, daß daselbst Perlen gezeuget werden, und daß hier das Wasser nicht über 10, 12 bis 15 Klaftern tief ist. Wenn sie an einen solchen Ort kommen, so werfen sie Anker, binden sich ein Seil um den Leib, welches in dem Fahrzeuge an der Stelle eines jeglichen befestiget ist; nehmen ein kleines Gewicht mit, damit sie um so viel besser untertauchen können, und lassen sich also in das Wasser hinab. So bald sie auf den Grund kommen: so machen sie eine Muschel los, und nehmen sie unter den linken Arm. Die zwetye nehmen sie in die linke Hand; und die dritte behalten sie in der rechten, womit sie die Muscheln losmachen. Mit diesen 3 Muscheln oder noch einer vierten, die sie mit dem Munde halten, kommen sie wieder aus dem Grunde herauf, um Odem zu holen, und stecken die mitgebrachten Muscheln in ein Säckgen welches ein jeder bey sich führt. Wenn sie sich nun wieder erholet und Luft geschöpfet haben; so tauchen sie wieder unter; und auf gleiche Weise fahren sie fort, bis sie entweder ihr Tagewerk vollendet haben, oder müde sind. Ein jeglicher von diesen Negren, welche Perlen fischen, ist gehalten, seinem Herrn täglich eine gewisse Anzahl Perlen zu liefern. Diese ist hier schon bestimmt, und bey allen gleich gros. So bald sie die erforderliche Anzahl Muscheln in ihren Säckchen haben; so hören sie auf unterzutauchen, öfnen die Muscheln, nehmen die Perlen heraus, und geben sie dem Auffseher, bis die Anzahl völlig ist, die sie ihrem Herrn zu liefern schüldig sind. Obgleich kleine oder unreife darunter sind; so gehen sie doch mit in der Rechnung, wenn sie nur etwas hart und nicht flüßig sind. Wenn nun die Anzahl voll ist: so gehören alle die übrige Perlen, die der Neger heraufgeholt hat, ihm selber zu, ob es schon grosse sind. Der Herr hat hierzu weiter kein Recht, als daß er sie kaufen kan, wenn sie der Neger nicht an einen andern verkaufen will, ordentlich aber werden sie ihm vor einen mäßigen Preiß gelassen.

Diese Negren können nicht alle Tage die bestimmte Anzahl von Perlen voll liefern. In vielen Muscheln sind entweder die Perlen noch

gar nicht gewonnen, oder es sind gar keine drinnen, oder die Muschel ist
todt; die Perle hat dadurch zugleich mit gelitten, und taugt also nichts.
In solchen Fällen werden keine so beschaffene Perlen von ihm angenommen, und sie müssen die Anzahl mit solchen Perlen ergänzen, die
im Handel angenommen werden, mit *Perlas de recito*, wie sie sich aus-
drucken.

Ausser dem, daß den Perlentauchern ihre Arbeit viel Mühe kostet, weil die Muscheln im Grunde zwischen den Felsen feste anhangen,
laufen sie auch in Gefahr, von gewissen Fischen verschlungen oder umgebracht zu werden. Solche Fische finden sich hier in grosser Menge,
und sind so gefährlich, daß sie die Negern entweder auffressen oder an dem
Grunde zu tode drucken, indem sie sich mit Gewalt über sie hinwerfen.
Man findet zwar an der ganzen Küste solche Fische, und sie sind überall
gleich gefährlich: hier aber, wo der Grund so viel Perlen liefert, werden sie viel häufiger gefunden. Die Tabaronen oder Hayen, und die
Tintoreren oder Dintenfische, welche von ungeheurer Grösse sind, pflegen sich ordentlich mit den Leibern der Perlenfischer zu nähren. Die
Mantas oder Plattfische wickeln sie in ihren Körper ein, und erdrucken
sie oder pressen sie mit ihrem schweren Körper an den Grund. Es
scheint, daß dieser Fisch mit gutem Grunde, nämlich wegen seiner Gestalt
und Eigenschaft, den Namen *Manta* oder Mantelfisch erhalten habe,
denn er sieht nicht nur in seiner ganzen Ausdehnung und Grösse einem
Mantel einigermaßen gleich; sondern er thut auch dasjenige, was man
sonst mit einem Mantel zu thun pflegt, oder thun könte. Er wickelt
sich nämlich um den Menschen, oder ein andres Thier, welches er ergreift, und drückt es dergestalt zusammen, daß es bey dieser gewaltigen
Pressung ersticken und umkommen muß.

Damit sich nun ein jeder Neger von solcher Gefahr befreyen möge: so nimmt er ein scharfes und spitziges Messer mit sich. Damit
verwunden sie ihren Gegner, so bald sie ihn bemerken, und suchen dazu
einen Ort, wo er sie nicht beschädigen kan. Der Fisch ergreift hierauf
die Flucht, und läßt sie in Freyheit. Der Aufseher der Negern, der in
der Laache zurück bleibt, giebt genau Achtung auf solche Fische. Wenn
er sie entdecken kan, zuckt er an dem Stricke, den jeglicher um den Leib
gebunden hat, und giebt ihnen dadurch zu verstehen, daß sie auf ihrer
Hut seyn sollen. Er stürzet sich auch wohl selbst mit einem Messer in
das Wasser, um den Perlentauchern beyzuspringen. Allein, ungeachtet

aller,

aller dieser Vorsicht und Sorgfalt werden doch wohl einige Negren in den Magen solcher Fische begraben. Andere kommen mit einem lahmen und verstümmelten Arme oder Beine wiederum herauf, nachdem sie der Fisch an diesem oder jenem ergriffen hat.

Die Perlen, welche hier gefischet werden, haben ordentlich ein schönes Wasser; und einige davon nehmen sich sonderlich in der Gestalt und Grösse aus. Ein Theil von denselben wird nach Europa geführt, und dieses sind die kleinsten. Die übrigen werden nach Lima gebracht, und daselbst sehr theuer verkauft; denn viele davon werden in dieser Stadt selbst verthan, und die übrigen werden von hier aus in die innern Gegenden des Königreichs Peru verführt. Vielleicht ist es einigen meiner Leser nicht unangenehm, wenn ich hier die Regel beyfüge, nach welcher der Preiß der Perlen unter den Perlenverständigen bestimmet wird, wobey doch die verschiedene Güte derselben einigen Unterschied machen kan, wiewol die Proportion allemal einerley bleibt. Sie ist folgend:

Eine Perle die 1 Gran wiegt, kostet 1 Thaler.
- - - 2 - - 4 -
- - - 3 - - 9 -
- - 1 Karat - 16 -
- - 1¼ - - 25 -
- - 1½ - - 36 -
- - 1¾ - - 49 -
- - 2 Karat - 64 -
- - 2¼ - - 81 -
- - 2½ - - 100 -
- - 2¾ - - 121 -
- - 3 Karat - 144 -
- - 3¼ - - 169 -
- - 3½ - - 196 -
- - 3¾ - - 225 -
- - 4 Karat - 256 -
- - 4¼ - - 289 -
- - 4½ - - 324 -
- - 4¾ - - 361 -

Eine Perle die 5 Karat wiegt, kostet 400 Thaler.
* * * 5¼ * * * * 441 *
* * * 5½ * * * * 484 *
* * * 5¾ * * * * 529 *
* * * 6 Karat * * 576 *
* * * 6¼ * * * * 625 *
* * * 6½ * * * * 675 *
* * * 6¾ * * * * 729 *
* * * 7 Karat * * 784 *
* * * 7¼ * * * * 841 *
* * * 7½ * * * * 900 *
* * * 7¾ * * * * 960 *
* * * 8 Karat * * 1024 Thaler.

Portobello, die zweite Stadt vom ersten Range in der Provinz Panama. Ihr eigentlicher Name ist San Phelippe de Portobello. Sie liegt im 9ten Grad 34 Min. 35 Sec. nordlicher Breite, und im 277 Grad 50 Min. westlicher von dem Pariser Meridian, oder in dem 296 Grad 41 Min. von der Pico de Teneriffa. Christoph Columb entdeckte diese Gegend im Jahr 1502, und legte den Hafen daselbst an, weil er sah, daß derselbe so gut eingerichtet, geraum, tief und sicher war. Die Stadt liegt an dem Seeufer, an der abhangigen Seite eines Berges, der um den ganzen Hafen herum geht. Die meisten Hauser sind von Holze; bey einigen besteht das erste Stockwerk aus Kalche und Steinen, und von hier bis an den Gipfel sind sie von Holze aufgefuhret. An der Zahl werden ihrer zusammen etwan 130 seyn; sind aber fast alle sehr geraum. Die ganze innere Grosse der Stadt besteht in einer langen Strasse, die an der Kuste des Hafens hingeht, und in einigen andern kleinern Gassen, die durch dieselbe quer hindurch gehen, und den Raum zwischen der abhangigen Seite des Berges und dem Ufer einnehmen. Die letztern haben wieder einige andere Abschnitte, wo Platz dazu vorhanden ist; und diese haben eben die Richtung wie die Hauptstrasse. In der Stadt findet man 2 ziemlich geraume Plätze oder Märkte, den einen gleich vor dem Gebäude der königlichen Cassen, welches an die Kay stößt, wo die Schiffe auszuladen pflegen: den andern aber wo die grosse Pfarrkirche steht. Diese ist ebenfals wie das Gebäude der königlichen Cassen von Steinen aufgeführt,

führt, ganz geraum und ziemlich schön in Ansehung der wenigen Einwohner.

Ausser der Pfarrkirche findet man hier noch zwo andre Kirchen, eine zu unsrer Frauen von der Barmherzigkeit, nebst einem Kloster dieses Ordens, dessen Mönche aber zerstreut in der Stadt herum wohnen; und die andre zum heiligen Johannes de Dro. Wenn man durch die Stadt weiter gegen Morgen fortgeht, welches der Weg nach Panama ist; so findet man noch einen Platz oder Theil der Stadt, der mit dieser gleich fortgehet, und Guinea genennt wird, weil alle Negren und Negerinnen, sie mögen frey oder leibeigen seyn, darinne wohnen. Zur Zeit, wenn die Galeonen hier sind, wird dieser Theil der Stadt um ein ansehnliches vergrössert. Diejenigen, welche Häuser in der Stadt haben, räumen bey solcher Gelegenheit aus, und schränken sich in eine ganz enge Wohnung ein, damit sie das übrige alles vermiethen können. Die Mulatten, und andre arme Leute, welche ausziehen müssen, wenden sich nach Guinea, und ziehen entweder in die kleinen daselbst befindlichen Hütten, oder bauen andere von neuen auf. Dazu hilft auch das viele Volk, welches von Panama bieher kommt, und wovon jeglicher Arbeiten verrichtet, und die Handwerke treibt, die er gelernt hat. Gegen die See zu, auf einem weiten und geraumen Platze, zwischen der Stadt und dem Schlosse *la Gloria* findet man ebenfals einen Flecken von Bujien oder kleinen Hütten. Die meisten davon bewohnt das Schifsvolk. Dieses schlägt daselbst Buden auf, und verkauft darinne allerley spanische Eßwaaren und Früchte. So bald aber die Messe zu Ende ist, und die Schiffe wiederum abgehen: so werden dieselben wieder abgebrochen, und der Ort, wo sie gestanden haben, bleibt unbewohnt.

Die Regierung der Stadt wird von einem Statthalter verwaltet, der unter dem Präsidenten in Panama steht, und deswegen den Namen eines Generallieutenants führt. Seine Gerichtsbarkeit aber erstreckt sich nicht weiter als über diese Stadt und die dazu gehörigen Festungen. Der König ertheilet diese Würde, ohne eine Zeit ihrer Dauer zu bestimmen. Es wird auch allemal ein Kriegsbedienter dazu ernennt, denn unter ihm stehen die spanische Befehlshaber in den Festungen, die ihre Würde Zeitlebens haben.

Was den hiesigen Hafen anbelangt, so zeigt dessen Name schon an, daß er bequem für allerhand grosse und kleine Fahrzeuge sey. Die
Ein-

Einfahrt ist 600 Klaftern weit, und also noch keine Viertelmeile, dabey ist die sudliche Küste gefährlich wegen einiger Steine und Klippen, daher sich die Schiffe auf die nordliche Seite halten müssen. Auf der nordlichen Spitze dieser letztern Seite liegt die Festung San Philippe de Todo Fierro, welche die ganze Einfahrt bestreicht. Auf der sudlichen Küste innerhalb des Hafens, gleich vor dem Ankerplatze der Schiffe, stund eine andre sehr geraume Festung, mit Namen *Santjago de la Gloria*. Gegen Abend, etwan 100 Wisen von derselben, fangen sich die Gebäude von der Stadt an. Vor derselben auf einer Landspitze, die in dem Hafen hineingeht, stund noch eine andre kleine Festung, Namens *San Geronymo*, nur 10 Wisen weit von den Häusern. Alle diese Festungen wurden im Jahr 1740 von dem englischen Admiral Vernon zerstört und geschleifet, welcher sich dieses Hafens mit einer zahlreichen Flotte bemächtigte. Auf der nordwestlichen Seite der Stadt befindet sich eine Bucht, mit Namen *Caldera*, welche sehr geschickt ist, daß man Schiffe von allerhand Arten hier aufliegen kan, weil sie vor allen Winden bedeckt liegen.

Die Luft ist übrigens, wie bekannt, allhier höchst schädlich, und dieses nicht nur vor die Fremden, sondern auch so gar vor die Landes-Einwohner. Die Hitze, welche man hier erduldet, ist ausserordentlich groß. Dazu trägt dieses viel bey, daß der ganze Ort mit sehr hohen Bergen umgeben ist, und also kein Wind die Hitze abkühlen und mäßigen kan. Der Himmel ist fast beständig mit Wolken bedeckt, und bald regnet es plötzlich, bald wird es eben so geschwind wiederum helle, und bey keinen von beyden spürt man einige Mäßigung der Hitze. Die Platzregen sind zugleich mit so erschrecklichen Donnern, Blitzen und Wetterleuchten verbunden, daß sie auch das stärkste Gemüth überwunden und in Unruhe setzen, wozu die hohen Geburge das meiste beytragen. Die Anzahl der Einwohner ist sehr klein, sowol in Ansehung des kleinen Umfangs des Orts, als auch in Betrachtung der beschwerlichen Luft und Witterung. Meistens bleiben nur diejenigen in Portobello, welche wegen ihrer Aemter und Bedienungen daselbst zugegen seyn müssen. Die Besatzung besteht ungefehr aus 125 Mann, welche aus Panama dahin geschickt werden. Die Stadt leidet auch grossen Mangel an Lebensmitteln; und folglich sind auch dieselben hier theuer, besonders zur Zeit der Messe, wenn die Flotte hier ist. Die Handlung allein ist es, welche diesen Ort berühmt macht, denn wenn die Flotte hier ist, so ist es einer der volkreichsten Plätze in dem südlichen Amerika. Man hat sie vornemlich aus folgenden Ursachen hierzu erwählt, erstlich, weil sie auf dem schmalen Erdstriche liegt, wodurch die Südsee von der Nordsee getrennet wird; hernach weil sie einen guten Hafen hat; und endlich, weil sie nicht weit von Panamá entfernet ist. Zur Zeit dieser Messe steigt der Preiß der Zimmer und Wohnungen, die vermiethet werden, so hoch, daß für ein mittelmäßiges Zimmer mit einer kleinen Kammer, nur so lange die Messe währt, 1000 und noch mehr *Pesos* bezahlt werden müssen. Unter der Zeit, da die Schiffe ihre Ladung hier ausladen; kommen indessen aus Panama zu Lande die Heerden von Mauleseln an, wovon jegliche aus 100 und noch mehr dergleichen Lastthieren besteht, und auf welche die Küsten mit Silber und Gold geladen sind, welches in der peruanischen Handlung einkommt. Ein Theil davon wird auf die Börse gebracht, und andere werden mitten auf dem Markte abgeladen. Diese ganze Messe dauert, von dem Tage an zu rechnen, da die Schiffe der Flotte Anker geworfen, ganzer 40 Tage. Ehedem hatten auch die Engländer die Freyheit, ein *Navio de Permisso,* oder Vergönstigungsschiff, hieher zu schicken, und brachten auf demselben eine Ladung auf ihre Rechnung mit auf die Messe, und hatte also ebenfals Antheil an derselben. Ihre Ladung betrug aber allemal noch mehr als die ganze Ladung der Gallionen. Ausser der Messe ist die Handlung hier sehr schlecht, und nur auf Lebensmittel, Cacao und Fieberrinde eingeschränkt.

Die dritte Stadt vom ersten Range ist
Sant Jago de Nata de los Cavalleros. In der homannischen Karte findet man sie nur unter dem Namen *Nata.* Die Gegend dieser Stadt entdeckte im Jahr 1575 der Hauptmann *Alonso Perex de la Rua.* Der damalige *Cazike* daselbst hieß *Nata.* Im Jahr 1517 wurden zuerst Einwohner dahin gebracht, und eine Stadt vom andern Range gebauet. Die Indianer aber zerstörten sie und brannten sie ab. Sie ward aber nachgehends wieder aufgebauet, und bekam den Namen einer Stadt vom ersten Range. Sie ist groß. Die Häuser sind theils von Thone oder Leimen, theils auch nur von Stroh. Die Einwohner sind Spanier und Castes oder vermischte Geschlechter.

Los Santos ist die Stadt vom andern Range. Die spanischen Einwohner der Stadt *Nata* haben sie in den neuern Zeiten angelegt.

Sie baueten Häuser hieher, in der Absicht, die umliegenden Länder zu pflügen und zu besäen, und verliessen also die grosse Stadt. Solchergestalt ist sie jetzo weit volkreicher, als *Nata* selbst. Die Einwohner bestehen ebenfals aus Spaniern und Castas.

Ausserdem hat die Provinz Panama noch verschiedene volkreiche Flecken, indianische Rancherien und Dörfer, bey welchen ich mich aber nicht aufhalten will, weil sie theils nichts besonders in sich enthalten, theils auch auf den Charten nicht angezeiget sind. Der einzige Flecken *San Chriftoval de Chepo* findet sich auf der homannischen Charte. Man findet daselbst, ausser den Indianern, welches die ordentlichen Einwohner sind, auch einen Haufen Fußvolk von der Besatzung in Panama. Die meisten von diesen Soldaten leben hier mit ihren Weibern und Kindern; weil dieser Flecken sehr nahe an Panama liegt.

Veraguas.

Dieses ist die zweyte Provinz des Königreichs *Terra firma.* Sie liegt Westwärts von der Provinz Panama, und wurde im Jahr 1503 zuerst von dem Columbus entdecket. Sie enthält nicht viel merkwürdiges, und man findet ausser 3 Städten vom ersten Range auch verschiedne Flecken in derselben.

Santjago de Veraguas ist die Hauptstadt der ganzen Provinz. Sie wurde im Jahr 1579 von den Hauptleuten *Cafpar de Efpinofa* und *Diego de Alvitez* erbauet.

Sant Jago al Angel, eine andere Stadt vom ersten Range. Der *Regidor* in Panama, *Benito Hartado*, erbauete sie im Jahr 1521. Nachgehends ist sie noch zweymal von neuen erbauet worden. Die Einwohner sind Spanier und Mulatten.

Naeftra Sennora de los Remedios de Pueblo Nuevo, die dritte Stadt vom ersten Range, bey welcher der Nahme das größte zu seyn scheinet.

Unter den 13 hier befindlichen Flecken ist keiner von einiger Merkwürdigkeit.

Man findet sowol in dieser Provinz als auch in Panama einige Goldbergwerke; allein der Bergbau wird nicht sonderlich unterstützt, theils, weil dieselben nicht allzuergiebig, die Erze nicht so reichhaltig, und das Gold nicht von so gutem Schrot und Korne ist, wie in Darien;

theils

theils haben die Einwohner die reiche Perlenfischerey, dabey sie einen sichern Gewinnst finden. Doch werden noch einige wenige derselben bearbeitet.

Darien.

Die dritte Provinz in dem Königreiche *Terra firma.* Die Landschaft ist vornemlich wegen der ergiebigen Goldbergwerke berühmt, welche das beste und reichhaltigste Golderzt liefern. Dieses Land ist der schmalste Erdstrich von Amerika, und hat den besondern Nahmen der Erdenge Darien. Den Nahmen Darien hat es vermuthlich von dem grossen Flusse, welcher auch Darien genennet wird, und dessen Bay die Nordküste dieses Landes von Neu-Carthagena scheidet. Es liegt meistentheils zwischen dem 8ten und 10ten Grad norder Breite, und ist an dem schmalsten Orte doch noch über einen Grad oder 15 deutsche Meilen breit. Weil durch dieses schmale Land Nord- und Süd-Amerika bequem zusammenhängt, auch hier der Uibergang ist, aus einem Weltmeere in das andere zu kommen; so wird seine Lage besonders merkwürdig; sie aber auch an sich annehmlich und lustig. Unter die Vorzüge dieses Landes gehöret auch, daß keines von beyden Weltmeeren dieses Landufer sonderlich anfällt, weil dasselbe von beyden Seiten mit einer Menge tüchtiger Inseln umgeben ist.

Vor dem Nordufer liegen die Inseln *Bastimentos* und andere; weiter gegen Morgen die vielen Inseln *Sambaloës.* An dem mittäglichen Ufer befinden sich die Königs- oder Perleninseln, und in der Bay von Panama die Insel *Perico, Tabago Tabogilla* und andere mehr. Die Oberfläche des festen Landes ist fast allenthalben ungerade, und besteht in Bergen und Thälern von sehr ungleicher Höhe, Tiefe und Weite. Die Thäler werden alle von Flüssen, Sümpfen und beständigen Quellen gewässert, deren eine grosse Menge im Lande sind. Es gehen durch diese Erdenge die hohen *Cordilleras* oder das Gebirge *Andes.* Dieses Gebirge nimmt seinen Anfang in der *Terra Magellanica,* dem Königreiche *Chilo,* und der Provinz *Buenos Ayres,* und geht durch die ganze Weite, welche die Länder *Peru* und *Quito* einnehmen. Von diesem letztern an, ziehen sich die Theile desselben zusammen, und es wird schmäler, weil es durch diese Erdenge durch muß, in welcher sich dasselbe an beyden Seeufern fast in gleicher Weite voneinander fort erstrecket. Nachgehends breitet es sich wiederum aus, und vertheilt sich in die Landschaften und Königreiche *Nicaragua Guatemala, Costa Rica, van Miguel, Mexico Guajaca, la Puebla* und andere. Es theilt sich solchergestalt in verschiedene Aeste, oder Arme, welche die südlichen Theile von Amerika, gleichsam als durch eine Kette mit dem nördlichen zu vereinigen scheinen.

Die meisten Einwohner dieser Landschaft sind herumschweifende Völker, welche das spanische Joch abgeschüttelt, und sich wieder in Freyheit gesetzet haben. Ihre Religion ist keine andere, als die barbarische ungesitteter Völker. Auf dem festen Lande sind sie eben nicht allzuzahlreich, die nördliche Hälfte aber wird am stärksten bewohnet, insonderheit an dem Ufer der Flüsse. An der Südseite aber wohnen die meisten näher gegen Peru, obgleich auch hin und wieder in allen Theilen des festen Landes indianische Familien zerstreuet sind. Im Jahr 1716 fanden sich noch viele Flecken, Dackseiten (oder Schulen der Mißionärien) und Rancherien, welche dem Könige in Spanien Gehorsam geschworen hatten, und den Statthaltern in Panama unterworfen waren. Jetzo findet man nur noch einige wenige davon, bey denen ich mich aber nicht aufhalten will, sondern vielmehr einiger Flüsse, Bayen, Hafen und umliegenden Inseln gedenken werde.

Unter den Flüssen ist der vornehmste der Fluß *Darien,* welcher, wie gesagt, der ganzen Landenge den Namen giebt. Er hat etwas weiter hin in dem festen Lande des mittäglichen Amerika seinen Ursprung. Er ist zwar ziemlich groß, aber die Tiefe seiner Mündung ist allzuflach, doch weiter ins Land hinein hat er Tiefe genug. An dem östlichen Ufer dieses Flusses befindet sich die Bay *Caret*, welche der einzige Seehafen hier ist, und in welche 2 oder 3 Bäche mit frischen Wasser fallen. Sie ist nicht groß, hat aber hellen Boden und guten Ankergrund. Westwärts vor dem Vorgebirge, wo dieser Fluß in die See fällt, macht er noch eine Bay auf feinem Sandgrunde. Mitten in dem Flusse liegt eine kleine flache und schwammichte Insel, es ist aber um dieselbe sehr untief und moderig, und daher mit Schiffen nicht fortzukommen.

Der Fluß *Conception* ist der mittelste auf der nördlichen Küste, und nicht weniger wichtig. Er kommt queer über das Land her, und fällt in die *Soundskey,* zwischen den Inseln *Sambaloes,* seine Mündung aber kan keine größere Schiffe als *Canoes* einnehmen. Der Fluß *Chagre* ist der letzte gegen Nordwest in dieser Landschaft. Er entspringt auf die Gebirge, nicht weit von *Cheapo;* zuerst wendet er sich

nach

nach Westen, da an seinem mittägigen Ufer, nicht weit von Panama, auf dem Wege nach *Portobello*, das kleine Dorf *Venta de Cruzes*, von Wohn- und Vorrathshäusern liegt, die Kaufmannswaaren abzusetzen, welche von Panama durch Maulesel zugeführt, und diesen Fluß aufwärts auf *Canoes* oder *Pereagoes* weiter geschickt werden.

An dieser Küste der Landenge liegen die Inseln *Samballos* als in Reihen neben einander zerstreut und in grosser Menge, ungleich weit, und zu 1, 2 bis 2½ englische Meilen voneinander und von dem festen Lande. Ihre Lage, das Seeufer selbst mit seinen Bergen und unaufhörlichen Wäldern, geben in der See den schönsten Anblick. Es sind ihrer weit mehr als sich auf der Karte vorstellen lassen, und einige darunter sind sehr klein. Sie scheinen aber in kleinen Haufen beysammen zu liegen, und dazwischen sind viel gute schiffbare Canäle durchweg zu fahren, auch ist die See zwischen ihnen und dem festen Lande vom Anfange bis zum Ende schiffbar. Sie liegen alle eben, niedrig und sind sandig, doch haben sie verschiedene gute Bäume.

Etwas weiter gegen Süden liegt die Insel *Pines*. Sie ist klein und erhebt sich in zwey Berge, daher sie weit in der See zu sehen ist. Uiberall wird sie von hohen Bäumen bedeckt, und hat einen schönen Bach frisch Wasser. Noch etwas südlicher findet man die Goldinsel, welche ringsumher an der See felsig und hoch, und daher von Natur befestiget, ausgenommen an einer Stelle, auf einer feinen sandigen Bay an der Südseite, wo sie nach und nach steiget, und endlich nur mäßig hoch wird. Alles ist darauf mit kleinen Bäumen oder Sträuchen bewachsen.

Die Landspitze *Samballa* liegt nordwestwärts von den Inseln *Samballos*, und ist ein lang auslaufender niedriger Felsen, auch mit Klippen, eine englische Meile weit, umgeben, daher gar gefährlich allda zu landen ist.

Etwan 3 Seemeilen von dieser Spitze liegt der Hafen *Scrivan*, er giebt einen guten Aufenthalt für die Schiffe, wenn sie einmal darinne liegen. Der Eingang ist etwan ein Feldweges weit, an jeder Küste, insonderheit nach Osten, so voll Klippen, daß man mit grosser Gefahr hineingehet. Der Hafen scheint auch nicht gros genug für grosse Schiffe zu seyn, weil an den meisten Stellen nur 8 bis 9 Fuß Wasser ist, ob er wohl landeinwärts Tiefe genug hat. Das Land daselbst ist fruchtbar und hat gut frisch Wasser.

Von diesem Hafen westwerts 7 bis 8 Seemeilen stand ehemals die Stadt *Nombre de Dios*. *Diego de Niqueza* erbauete dieselbe im Jahr 1510, die Indianer an Darien aber zerstörten dieselbe. Man erbauete sie zwar nachgehends wieder, aber im Jahr 1580 wurde sie auf Befehl König Philipps *II.* nach Portobello verlegt. Der Ort, wo sie gestanden, ist jetzo mit wilden Rohre bewachsen, und man findet kein Merkmahl mehr von ihr.

Auf diesen Ort folgen die kleinen Inseln *Bastimentos*. Die meisten sind ziemlich hoch, eine ist gespalten, alle aber sind mit Waldungen bedeckt.

Auf der Südseite der Landenge Darien an dem stillen oder Südmeere sind folgende Stücke zu bemerken:

Die Spitze *Garachina* liegt an der westlichen Seite des Flusses *Sambo*, welcher vor gros angegeben wird. Der Meerbusen *St. Mickel* weiter nordwärts, entsteht von dem Auslaufe einiger Flüsse, unter welchen die merkwürdigsten der Fluß St. Maria und der Fluß *Congo*. In dem Meerbusen selbst liegen verschiedene Inseln, von welchen einige, insonderheit nach der Mündung zu, den Schiffen einen guten Schutz geben, als deren eine grosse Menge hier Platz haben können.

Von gedachten beyden Flüssen gegen Süden, findet man den Goldfluß, welcher deswegen so genannt wird, weil er Goldstaub in grösster Menge mit sich führt. Die Spanier zu Panama und St. Maria halten ihre Sclaven dazu, daß sie hier Gold sammlen müssen. Gedachte Stadt St. Maria liegt Landeinwärts an der Südseite des Flusses St. Maria. Zu Dampires Zeiten, da diese Stadt von den Engländern eingenommen ward, fanden sich 200 spanische Soldaten darinne, die Stadt selbst aber war nicht feste und ohne Mauren, und das Fort selbst war nicht besser, und nur mit Pallisaden und Pfählen umsetzt. Sie war damals noch neu, und von den Spaniern aus Panama erst erbauet, um Soldaten allda zu halten, und ein Magazin zu Lebensmitteln vor sie, auch Wohnungen für ihre Arbeitsleute die Gold waschen, anzulegen.

Der Fluß *Cheapo* ist ganz oben nordwärts, ist zwar gros genug, aber schlecht zu befahren.

Die Stadt *Cheapo*, welche daran liegt, hat nicht viel auf sich, und ist auch nicht gros.

Das Königreich Neu-Granada.

Ich habe schon bey dem Eingange dieses Abschnittes überhaupt von diesem neuen Königreiche geredet, hier will ich eines und das andere insbesondere von ihm erinnern, besonders was die Küsten desselben anbetrift. Das Land hat seinen Namen daher bekommen, weil es an Fruchtbarkeit und Uiberfluß aller Dinge mit dem Königreiche Granada in Spanien viel ähnliches hat. Die merkwürdigste Stadt, welche unter die Gerichtsbarkeit des Unter-Königes jetzo gehört, ist Carthagena. Ehedem stund der Statthalter derselben in Kriegsangelegenheiten unter niemanden: in bürgerlichen und gerichtlichen Sachen aber konte man sich von ihm auf die *Audiencia de santa Fe* berufen. Nunmehro steht er aber auch in Kriegssachen unter dem Unter-Könige von Neu-Granada. Die Gerichtsbarkeit der Statthalterschaft Carthagena erstreckt sich gegen Morgen bis an die Ufer des grossen Flusses Magdalena, an demselben geht sie weiter gegen Süden hin, und wendet sich alsdenn bis an die Grenzen der Provinz Antiochia. Von hier kehrt sie sich gegen Abend, bis an den Fluß Darien, und drehet sich alsdenn gegen Norden. Auf dieser Seite macht das Meer ihre Grenze rund, so weit sich die Küste zwischen diesen beeden Flüssen erstreckt. Nach der gemeinsten Meinung erstreckt sie sich also von Abend gegen Morgen auf 53, und von Mittag gegen Mitternacht, auf 85 Seemeilen. In diesem Raume befinden sich verschiedene Thäler, die in der Sprache des Landes *Sabanas* genennet werden. Man findet in denselben viel grosse bewohnte Plätze und kleine Flecken, die theils von Europäern, theils von spanischen Cicilen, theils auch von Landeseinwohnern bewohnt werden.

Von allen diesen Gegenden, wie auch von Carthagena selbst, geht die Rede, daß sie in den heidnischen Zeiten ergiebig an Golde gewesen sind. Man findet noch jetzo Spuren von solchen alten Bergwerken in den Bezirken von *Simiti, San Lucas* und *Guamaco*, die aber jetzo, weil sie erschöpft sind, keine Ausbeute mehr geben.

Ich will nunmehro die Stadt Carthagena selbst etwas umständlicher beschreiben.

Sie liegt in 10 Grad 25 Min. 48½ Sec. der nördlichen Breite, und in 282 Grad 28 Min. 36 Sec. der westlichen Länge von Paris, und in 301 Grad 49 Min. 36 Sec. von der Mittagslinie des *Pica de Teneriffa.*

Als im Jahr 1502 *Rodrigo de Bastidas* diese Bay und Landschaft entdeckte, führte das Land selbst den Namen *Calamari.* Die Stadt liegt auf einer Sandinsel, und diese macht gegen Südwesten eine enge Durchfarth, so, daß man von hier nach der Insel *Tierre Bomba* bis nach *Boca Chica* kommen kan. Die enge Strasse, wodurch sie mit einander vereinigt werden, war ehemals die Einfahrt in die Bay. Dieses blieb sie auch lange Zeit. Nachgehends ließ man sie sperren; und also blieb nur noch die Einfahrt *Boca Chica* übrig, bis auch endlich diese verstopft wurde. Solches geschah nach dem letztern Einfalle der Engländer in dem neulichen Kriege, in den Jahren 1741, 42 und 43. Diese bemächtigten sich der Castelle, wodurch diese Einfahrt vertheidiget ward, drungen dadurch ein, machten sich Meister von der Bay, und gedachten auch die Stadt in ihre Gewalt zu bringen. Allein sie musten mit einem ansehnlichen Verluste wieder abziehen. Hierauf geschahe es, daß man die alte Durchfahrt wieder eröfnete und schiffbar machte, und dadurch musten jetzo alle Schiffe einlaufen. Die Stadt ist von allen Seiten mit der See umgeben, zwey schmale Landstriche ausgenommen. Auf der östlichen Seite liegt die geraume Vorstadt *Xexemani* ebenfals auf einer Insel, und wird durch zwo hölzerne Brücken sowol mit der Stadt als dem festen Lande vereinigt. Ausser den Festungswerken der Stadt, finden sich auch einige, welche die gedachte Vorstadt umgeben, sie sind insgesammt von gebrochenen Steinen, und in Ansehung ihrer Einrichtung und Verhältnisse nach der neuern Art erbauet. Um die Stadt selbst sind vornemlich folgende:

1) Die St. Marien-Bastey, an dem nordwestlichen schmalen Landstriche.
2) Die Kreuz-Bastey, zwischen welchen beyden das St. Dominicusthor befindlich ist, ingleichen einige Pulverthürme.
3) Die St. Carls-Bastey, weiter gegen Norden an der Seeseite.
4) Die Graden-Bastey. 5) Die St. Claren-Bastey.
6) Die St. Catharinen-Bastey, auf der nordöstlichen Seite der Stadt, wo sich der andre schmale Landstrich befindet.
7) Die St. Lucas-Bastey.
8) Die Bastey St. Philipps des Märtyrers, und zwischen diesen beeden das Catharinenthor.

9) Die

9) Die St. Johannis-Bastey.
10) Die St. Vincenz-Bastey, und zwischen beyden das Pförtchen *Magoco*.
11) Die Fleischhaus-Bastey, vermuthlich weil ihr gegen über in der Vorstadt das Schlachthaus lieget.
12) Die Brücken-Bastey, zwischen diesen beyden befinden sich sowol das Brückenthor zu der hölzern Brücke nach der Vorstadt, als auch das Fleischhauspförtchen.
13) Die St. Ignatius-Bastey, zwischen welcher und der vorhergehenden das Congtortthor liegt.
14) Die St. Franc. Xaviers-Bastey, und endlich
15) Die St. Jacobs-Bastey, welche die St. Mariens-Bastey defendiret.

In der Vorstadt befinden sich folgende:
a) Die Bastey *Barahono St. Phe.* Der St. Ignatius-Bastey gegen über.
b) Die St. Isabellen-Bastey, und bey derselben des Königs Pförtchen.
c) Die St. Lorenz-Bastey.
d) Die St. Josephs-Bastey.
e) Die Bastey *Media Luna*, nebst dem Thore *Media Luna*, an der hölzern Brücke zwischen der Vorstadt und dem festen Lande.
f) Die Bastey St. Michael von *Camboa*, der Bastey St. Philipp des Märtyrers gegen über.

In Friedenszeiten stehen allhier 10 Fahnen Feldsoldaten. Jegliche Fahne ist 77 Mann stark, wenn man die Officiers mit dazu rechnet. Ausser dem findet man daselbst auch noch verschiedene andere Haufen Soldaten, die aus den sämmtlichen dasigen Einwohnern bestehen.

Nicht weit von der Vorstadt *Xexemani* liegt auf einem Hügel von mittelmäßiger Höhe ein Schloß, mit Namen *San Lazaro*, welches die ganze Stadt und ihre Vorstadt bestreichen kan.

Die innere Einrichtung der Stadt, wie auch ihrer Vorstädte ist sehr gut. Die Strassen sind gerade, geraum, wohl eingetheilt und überall gepflastert. Die Häuser sind wohl gebauet, und meistens ein
Stock-

Stockwerk hoch. Sie sind von Stein und Kalk aufgeführt, einige ausgenommen, welche von Ziegeln erbauet sind. Sie haben alle hölzerne Gallerien oder Altäre, und eben solche Gegitter vor die Fenster, denn das Holz widersteht der dasigen Luft mehr als das Eisen. Die Stadt selbst ist ziemlich gros, und ungefehr den europäischen Städten von der dritten Ordnung gleich. Sie hat verschiedne schöne Kirchen, Mönchs- und Nonnenklöster.

Uibrigens ist sie keine von den reichsten Städten in Westindien, theils weil sie verschiedenemal geplündert worden, theils weil keine Goldbergwerke hierum befindlich sind.

Es befindet sich hier eine königliche Casse, nebst zween königlichen Steuerbeamten. Diese nehmen alle königliche Einkünfte und Summen, welche dem Könige zugehören, ein, und theilen sie auf gleiche Weise wieder aus.

Die allhier befindliche Bay ist die beste, die man irgendwo in den umliegenden Ländern entdecket hat. Sie erstreckt sich 2¼ Seemeilen gegen Nord und Süd, hat einen tiefen und guten Grund, und ist sehr stille. Von der jetzigen Einfahrt in dieselbe haben wir schon etwas gesagt, dabey noch zu erinnern, daß dieselbe etwas gefährlich, daher der König eine Person unterhält, welche Sorge tragen muß, solche Untertiefen zu bezeichnen, und Pfähle dahin zu setzen, wo es die Noth erfordert. In diese Bay laufen die Galleonen ein, und bleiben so lange hier, bis die peruanische Flotte zu Panama angelangt ist. Wenn sie davon Nachricht erhalten haben; so gehen sie nach Portobello; und nach geendigten Jahrmarkte kehren sie dahin wieder zurück. Sie nehmen die Lebensmittel ein, die sie zu ihrer Rückreise nöthig haben, und gehen wieder unter Segel, ohne sich lange aufzuhalten. Wenn sie weg sind, so ist es hier ganz einsam.

Die Einwohner in dieser Stadt werden in verschiedene Geschlechter eingetheilt, welche von der Vereinigung der Weißen, Negern und Indianer herrühren. Die weissen Einwohner sind wieder zweyerley, Europäer und Criolen, oder diejenigen Europäer, die in diesem Lande gebohren sind. Hierauf kommen die Mulatten von Weißen und Negern, die Terceronen von Mulatten und Weißen, die Quarteronen von Weißen und Terceronen, die Quinteronen von Weißen und Quarteronen. Nach dieser Stufe findet man keinen Unterschied mehr zwischen ihnen und den Weißen, weder in Ansehung der Farbe

noch

noch Gesichtszuge. Es würde zu weitläuftig seyn, alle diese Geschlechter anzugeben, und auch vielleicht nicht nöthig, daher ich dieses übergehe.

Was die Witterung anbelangt, so ist es hier so heiß, daß fast nichts drüber seyn kan. Das Thermometer des Herrn Reaumur steht fast Jahr und Jahr auf den 1024 und 1026 Theile.

Die gröste Hitze zu Paris dauert in Carthagena das ganze Jahr hindurch. Vom Maymonate bis zu Ende des Wintermonats, wird die Witterung mehr empfindlich, weil dieses die Zeit ist, welche man daselbst Winter nennt. Man legt ihr diesen Namen deswegen bey, weil Regen, Donner und Blitz zu dieser Jahrszeit so beständig anhalten, daß immer von einem Augenblicke zum andern heftige Stürme entstehen. Von der Hälfte des Christmonats bis zu Ende des Aprils regnet es nicht mehr so heftig, und die Witterung wird gesünder, weil die Hitze nicht mehr so unerträglich ist. Die Ursache dieser Veränderung ist, weil alsdenn der Wind von Nordosten wehet, und das Land einiger massen abkühlet. Diese Zeit nennet man den Sommer.

Wegen dieser ausserordentlichen Witterung sind auch sowol die neu angekommenen Europäer, als auch die Landeseingebohrne verschiedenen Krankheiten unterworfen, und besonders sind der Aussatz und die Krätze sehr gemein. Ingleichen sind die Einwohner gewissen Ohnmachten unterworfen, welche tödtlich sind. Doch genug hiervon, ich will nur noch eins und das andere von der hiesigen Handlung erinnern.

Wenn die Galleonen in der hiesigen Bay anlangen, so machen sie hier den Anfang zur Handlung. Alsdenn hat dieser Ort den Vortheil, daß er bey den Jahrmärkten, welche hier gehalten werden, den ersten Nutzen von der Handlung ziehen kan.

Die Kaufleute aus den innern Landschaften, *Santa Fe, Popagan* und *Quito* bringen sowol ihre, als auch andere ihnen anvertraute Güter und Gelder hieher, und wenden sie an solche Waaren, Güter und Früchte, welche zur Versorgung dieser Landschaften erforderlich sind.

Die beeden Landschaften *Santa Fe* und *Popagan* sind nicht mit Früchten versehen, und bekommen auch keine irgendwoher, als aus Carthagena. Daher bringen sie hieher ihr Silber, und geprägtes Gold, oder eben dasselbe in Platten, oder auch Goldstaub, nebst Smaragden. Dieses sind diejenigen Metalle und Edelgesteine, welche hoch geschätzet, und in diesen Ländern gefunden werden. Man findet in denselben, ausser

ſer den Silberbergwerken in *Santa Fe*, welche letzlich durch neue Entdeckungen noch vermehrt worden ſind, auch die vortreflichſten Smaragdenbrüche. Nebſt dieſen und dem Silber, wird auch häufiges Gold herzugebracht, welches in *Choco* gegraben wird, und von welchem hier der fünfte Theil in die königliche Caſſe bezahlet werden muß.

Bey Gelegenheit dieſer kleinen Meſſe oder Jahrmarkts zu Carthagena, werden in dieſer Stadt viel Buden aufgeſchlagen. Den Gewinſt davon ziehen theils die Spanier ſelbſt, welche auf der Flotte ankommen; theils diejenigen, welche bereits hier wohnhaft ſind, und denen die ankommende Kaufleute für die Beſorgung ihrer Buden, die Waaren frey machen, welche ſie nöthig haben, nachdem ſie viel verkaufen. Die ganze Stadt hat von ſolchen Gelegenheiten ihren Vortheil, ſo wie die Einwohner in Porrobello und Panama. Alles Geräuſch der Handlung aber hört auf einmal auf, wenn die Flotte wieder abſegelt, und alsdenn iſt in der Stadt alles ſtille, einſam und ruhig. Die beſondere Handlung, die hier mit andern Stadthalterſchaften getrieben wird, iſt zur todten Zeit, wie man die Zeit zu nennen pflegt, wenn keine Flotte hier iſt, keiner Aufmerkſamkeit würdig, desweaen ich mich auch hierbey nicht aufhalten will.

Von dem Bezirk der Stadt Carthagena an, an der weſtlichen Küſte hinunter gegen Süden, findet man eben keine allzumerkwürdigen Gegenden, weil faſt an der ganzen Küſte hin kein rechtſchafner Hafen zu finden iſt. Ich will daher eins und das andere von denjenigen Ländern ſagen, welche landeinwärts von der Seeküſte angetroffen werden, und vornemlich will ich mich mit der Statthalterſchaft

Popagan

beſchäftigen, als welche den größten Theil dieſes Landes einnimmt. Es erſtreckt ſich dieſelbe gegen Süden bis an den Fluß *Mago* und bis an *Ipiales*. Hier grenzet ſie mit dem *Corregimente* der kleinen Stadt *San Miguel de Ibarra*. Gegen Nordoſten endiget ſie ſich mit der Provinz Antiochia. Dieſes iſt die letzte, welche darunter gerechnet wird, und ſtößt an die zu *Santa Fe* gehörigen Landſchaften. Weiter gegen Norden zu grenzt Popagan mit den Ländereyen, die unter dem Statthalter zu Carthagena ſtehen. Gegen Weſten hatte zwar Popagan ehemals keine andere Grenzen als die Südſee; jetzo aber ſind dieſelben durch die neue Statthalterſchaft *Choco* eingeſchränkt worden, und

und gehet nur da bis an das Meer, wo das Gebiet von *Barbacoas* ist. Gegen Osten erstreckt sich *Popagan* bis an die Quellen des Flusses *Cauca*, welches auch, wie man glaubt, die Quellen der beeden Flüsse *Orinaco* und *Negro* sind. Die eigentliche Grösse dieser Statthalterschaft ist noch nicht völlig genau bestimmt. Man kan aber ohne Gefahr eines grossen Irtums annehmen, daß *Popagan* von Osten gegen Westen ungefehr 80 Meilen lang, und von Norden nach Süden fast eben so breit ist. Diese ganze Statthalterschaft wird wieder in verschiedene andere *Partidos*, oder besondere Landschaften, eingetheilet, wozu der Oberstatthalter gewisse Unterstatthalter ernennet, welche daselbst die Gerechtigkeit verwalten müssen.

Die Statthalterschaft *Popagán* gehört eigentlich zu der Provinz *Quito*, aber doch nicht ganz, denn sie in zwo Gerichtsbarkeiten eingetheilet; der nordliche und ostliche Theil derselben gehört zu der *Audiencia de Santa Fe*, oder zu dem neuen Königreiche Granada; der südliche und westliche aber zu *Quito*.

Popagan ist eines von den Ländern, welche mit den Landschaften in der Provinz *Quito* die meiste Handlung treiben. Hierdurch musten alle spanische Waaren und Güter geführet werden. Von *Carthagena* kamen sie erstlich hieher, und von hier werden sie nach *Quito* gebracht. Auffer dieser Handlung, welche man mehr als eine Durchführung der Waaren ansehen kan, hat *Popagan* auch noch insbesondere sein Gewerbe mit *Quito*, und schickt dahin Rindfleisch und Maulesel; erhält aber dafür Tuch und Fries. Von *Santa Fe* wird Schnupftoback hieher gebracht, so wie er zu *Tungar* verfertiget wird, und von hier bringt man ihn nach *Quito*. Es wird hier auch noch eine andere Handlung getrieben, indem man nemlich Silber für Gold vertauscht. Das letztere wird hier häufig gefunden, (wovon ich gleich ein mehrers sagen werde;) das erstere hingegen selten. Daher bringt man Silber hieher, und kauft Gold dafür; daraus prägt man nachgehends Pistolen, und so zieht man einen ansehnlichen Gewinst davon.

Die Landschaft *Popagan* hat überall häufige Goldbergwerke, und aus allen erhält man eine gewisse Menge Gold, nur daß, nach den verschiedenen Gegenden und Abtheilung der Statthalterschaft, auch die Arbeiten verschieden sind. Man macht immer neue Entdeckungen und findet neue Goldadern; und dieses trägt nicht wenig zu mehrerer Bevölkerung des Landes bey, ungeachtet die Witterung an einigen Orten

D 3 sehr

sehr beschwerlich ist. Die Abtheilungen Cali, Buga, Anserma, und Barbácoas, sind unter denjenigen, welche zu der Provintz Quito gehören, die reichsten an diesem kostbaren Metalle. Es wird daselbst beständig in den Bergwerken gearbeitet; und hierbey ist dieses besonders merkwürdig, daß das Gold hier nicht mit andern Metallen oder Körpern vermischet ist. Es ist daher auch viel leichter zu läutern, und man hat dazu kein Queckſilber nöthig. Wenn das Ertz aus der Wäſche kommt und gepocht ist; so heißt und ist es schon Gold. Das Golderzt in diesen Abtheilungen liegt nicht wie das Silberertz, und vielmal auch das Golderzt, zwischen Gesteinen und Wänden; sondern es liegt zerstreut herum, und ist mit der Erde und den hier befindlichen Steinen vermischt; eben so wie man Sand mit Erde von verschiedenen Gattungen vermischt antrift. Die gantze Schwierigkeit, das Gold heraus zu bringen, besteht also darinne, daß man die Goldkörner von der Erde absondert. Dieses geschiehet sehr leichte vermittelst der Bäche und Wasserleitungen, ohne deren Beyhülfe man solches niemals würde erlangen können.

Die Art, das Gold aus der Erde heraus zu holen, ist in der gantzen Statthalterschaft Popayan folgende: Man gräbet die Ertzerde aus, und bringt sie in einem dazu verfertigten grossen Teich, oder Wasserbehälter, den man Cocha nennt. Darein schüttet man so viel, bis man glaubt, daß es genug sey, und läßt hernach den Teich voll Wasser laufen, wozu man eine Wasserleitung in Bereitschaft hat. Alsdenn rührt man die Erde in dem Teiche, der nunmehro zu Schlamme geworden ist, herum, damit das leichteste an einem andern Orte, der zu einem Ausflusse dient, ablaufen könne. So rührt man immer fort, bis das schwerste, als die kleinen Körnchen der Sand und das Gold unten zu liegen kommen. Dieses schöpft man hernach mit hierzu verfertigten Mulden heraus, schwänket es darinne hurtig und gleichförmig herum, gießt immer wiederum Wasser hinzu, und solchergestalt sondert sich das leichtere von den schwerern ab; das Gold bleibt endlich unten in der Mulde liegen, und ist nunmehro von allen gereiniget, was sich zuvor damit vermischt gehabt hatte. Ordentlich findet man es in so kleinen Körnern wie klarer Sand, und daher nennt man es auch Staubgold; doch trift man auch zuweilen grössere Stäupelchen oder Körner an; zuweilen auch mittelmäßige, ob sie schon ordentlich und gemeiniglich nur gantz klein sind. Das Wasser aus der gemeldeten Cocha lauft in eine andere bete etwas niedriger. Hierinne setzet sich wiederum alles schwere, welches in der ersten *Cocha* gewaschen worden war, und es wird hier noch einmahl gewaschen, damit man die leichten Körner, die noch mit Erde und andern Unrathe umgeben, und durch das Wasser noch nicht gesäubert sind, herausbekommen könne. Endlich, wenn man nichts will umkommen lassen, so läst man das, was in der andern *Cocha* geblieben ist, in eine Dritte ablaufen, ob man schon bereits in jener nicht viel hat sammlen können.

In allen, zu der Statthalterschafft *Popayan* gehörigen Bergwercken wird diese Arbeit durch leibeigene Meyer errichtet, die ein jeglicher Gewercke oder Besitzer eines Bergwercks, zu den hierzu erforderlichen Arbeiten hält. Einige davon waschen; andere fällen Holz; und folglich haben sie nicht Zeit, sich in die Wäsche einzufinden. Der Gehalt dieses Golds beträgt ordentlich 22 Karath; manchmahl mehr, bis auf 23; manchmahl auch weniger, jedoch selten unter 21. In der Abtheilung *Choco* findet man viel solche Wäschen, wie bisher beschrieben worden sind, und auch anderes Ertzt, wo das Gold mit anderen Metallen, Säften und Steinen vermischt ist, und wozu man daher Quecksilber haben muß. Manchmahl findet man Ertz, wo das Gestein so harte ist, daß man es auf einem stählernen Ambose nicht klein pochen kan, und daher wegwerffen muß; denn man kan es weder durch Feuer zwingen, noch sonst ohne viele Mühe und Arbeit das Metall heraus bekommen. Unter diesen Ertzen findet man auch einiges, worinne so feines Domback, wie das morgenländische, unter dem Golde vermischt ist. Das sonderbarste dabey ist, daß sich kein grüner Rost an demselben ansetzet, und das sauer und scharfe Sachen dasselbe nicht, wie das Kupfer zerfressen, oder den Geschmack davon an sich nehmen.

Ich werde von den übrigen Bergwercken der zu der *Audienzia Quito* gehörige Landschaften weiter unten noch mehrers melden, jetzo fahre ich noch kürzlich in der Beschreibung der Landschaft *Popayan* fort. Die Hauptstadt dieser ganzen Statthalterschaft, ist *Popayan*, zu welcher der berühmte *Adelantado*, *Sebastian* von *Betalcazar*, nachheriger Statthalter dieser Landschaft, welcher auch dieselbige entdeckt und erobert, im Jahr 1537 den ersten Grund legte. Sie gehöret unter die ältesten Städte vom ersten Range, in diesen Gegenden, weil ihr dieses Vorrecht schon den 25sten des Heumonats im Jahr
1538

1538 zugestanden worden ist. Sie liegt auf einer geraumen Ebene, die sich weit nach Norden zu erstreckt, unter dem 2 Grad 8 Minuten nordlicher Breite, und ungefehr 2 Grad ostlicher als Quito. Sie hat eine mittelmäßige Grösse; ihre Gassen sind breit, schnurgerade und eben. Sie sind zwar nicht überall gepflastert, aber doch zum theil, nämlich die Gänge an den Häusern, das übrige gegen die Mitte oder die Gasse zu besteht aus kleinem Kiese, der von sich selbst fest zusammen gebacken ist. Die Gassen werden also nicht kotig, und der Kies verliehrt auch durch die gewaltige Dürre seine Härte nicht, daß er zu Staube würde; eben deswegen läßt es sich auch besser darauf gehen, als wenn die Gassen gepflastert wären, wie sie denn auch viel reinlicher bleiben. Die Mauern der Häuser sind von ungebrannten Ziegeln aufgeführt, und eben so eingerichtet und abgetheilt wie die Häuser in Quito. Die meisten sind 2 Stockwerck hoch; die übrigen aber haben nur eines. Man findet hier auch verschiedne Kirchen und Klöster, bey deren ich mich aber nicht aufhalten will.

Auf dem Berge *EM*, welcher an der ostlichen Seite der Stadt liegt, und dessen Gestalt dem Buchstaben M gleichet, entspringt ein Bach, welcher durch die Stadt fließt, und vieles zu ihrer Reinlichkeit beyträgt, denn sein Wasser führt allen Koth und Unflath mit sich fort. Die Stadt wird dadurch in 2 Theile getheilt, und man hat darüber zwo Brücken gebaut, um bequem aus einem Theil in den andern zu kommen. Sein Wasser ist sehr gesund und heilsam. Etwa eine Meile von der Stadt gegen Norden fließt der schnelle Fluß *Cauca*, welcher sehr wasserreich ist, und im Brach- Heu- und Augustmonat auf eine erschreckliche Art anschwillet. Der größte Theil der gemeinen Einwohner besteht aus solchen Geschlechtern, welche aus der Vermischung der Negern und Weißen herkommen. Indianer findet man hier sehr wenige, von allen Arten die Einwohner rechnet man in Popagan zusammen auf 20 bis 25000 Seelen, darunter sind viel Geschlechter von Weißen oder Spaniern. In den neuern Zeiten hat die Anzahl der Einwohner ziemlich zugenommen, welches man den vielen Goldbergwercken zuschreibt, worinne eine große Menge Volks arbeitet. Der Statthalter hat seine beständige Wohnung allhier. Weil diese Stadt der Bot ist, wo alle Waaren, die von Carthagena nach *Quito*, und von da nach Carthagena gehen, durchgeführt werden; so halten sich hier auch die reichsten Personen im ganzen Lande auf.

auf: Man rechnet, daß sich hier 4 bis 6 Personen befinden, die ein Vermögen von mehr als 100000 Pests besitzen; zwanzig bis 40 Personen, die bis auf 80000 Pests reich sind, und viele andere, die etwas weniger in Vermögen haben; darunter sind noch nicht die Landgüter und Bergwerke begriffen.

1) *Santjago de Cali.*
2) *Santa Fe de Antioquia.*
3) Die vier Städte vom ersten Range.
4) *Timana.*
5) *Guadalojara de Buga.*
6) *S. Sebastian de la Plata.*
7) *Almaquen.*
8) *Caloto.* 9) *San Juan de Pasto.*
10 *El Raposo.* 11) *Barbacoas.*

Ein jeder von diesen *Partidos* oder Bezirken besteht ausser dem Hauptorte, noch aus verschiedenen andern ganz geraumen und volkreichen Plätzen. Man findet auch in diesen Gegenden so einträgliche, und so stark bewohnte Landgüter, daß sie ganze Flecken vorstellen könnten.

Sanda Fe de Antioquia, die vier Städte vom ersten Range, *Timana* und *S. Sebastian de la Plata*, welche insgesammt der Stadt *Popagan* gegen Norden und Osten liegt, gehören zu der *Audiencia* und Provinz *Santa Fe*: die übrigen, welche weiter nach *Quito* zu liegen, gehören auch zu dieser Provinz.

Die *Partidos Cali* und *Buga,* liegt zwischen *Popagan* und *Choco,* und sind wegen der beständigen Handlung, welche die beyden Statthalterschaften daselbst unter einander treiben, sehr reich.

Caloto hat einen grosen Umfang, ist reich, und bringt viel Früchte hervor. Die dazu gehörige Gegend ist sehr fruchtbar und mit Landgütern angefüllt. *Pasto* hat ebenfalls einen weiten Umfang, ist aber nicht so reich; es wird viel Schaaf- und Rindvieh da gezogen, und eine grose Menge davon nach *Quito* verführt.

Aus dieser Statthalterschaft *Popagan* kommen wir nunmehro weiter gegen Süden zu, in die eigentliche

Audiencia Quito.

Sie steht, wie schon im Anfange errinnert worden, seit 1739, unter dem Unterkönig zu Neugranada, da sie vorher unter dem Unterkönige

Könige in Peru gewesen war. Sie ist die fruchtbarste in ganz Peru, nicht weniger auch die volkreichste, und hat sowohl die meiste Indianer, als auch die meisten Spanier. Sie hat die gröſſte Viehzucht; es wird in den Fabricken am meiſten gearbeitet, und ihre Bergwerke geben den beſten und ergiebigſten in den übrigen Landſchaften wenig nach. Demohngeachtet iſt es noch nicht volkreich genug, und es kommen hier doch noch nicht ſo viel Leute zuſammen, daß alles Gute, was das Land hervorbringt, zu gleicher Zeit von jedermann genoſſen werden könnte.

Dieſe Provinz grenzet gegen Norden mit der Provinz *Santa Fe de Bogota*, indem es, wie geſagt, einen Theil der Statthalterſchaft *Popagan* in ſich begreift. Gegen Süden grenzet ſie mit dem Corregimienten *Piura* und *Chachapogas*. Gegen Oſten erſtreckt ſie ſich durch die ganze Statthalterſchaft *Maynas* am Amazonen Fluſſe. Gegen Weſten macht das Ufer des Meeres ihre Grenzen aus. Dieſe gehen von der Küſte *Machala* am Meerbuſen *Pana* bis an die Küſten der Statthalterſchaft *Atacames* und der Landſchaft *Basbacoas*, auf der Inſel *Gorgona*. Die gröſſte Breite dieſer Provinz von Norden gegen Süden beträgt 200 Meilen, und von Oſten gegen Weſten begreift ſie den ganzen Theil von dem ſüdlichen Amerika in ſich, der ſich von der Landſpitze *Santa Elena* an der Südſee, bis an die Mittagslinie erſtreckt, welche die eroberten ſpaniſchen und portugiſiſchen Landſchaften von einander ſcheidet. Dieſes macht, wenn man es genau rechnet, gerade eine Länge von 600 Meilen aus. Ein groſer Theil davon aber wird entweder von barbariſchen Indianern bewohnt, oder iſt doch bis hieher noch nicht genugſam bekant, oder von den Spaniern bevölkert worden. Was man eigentlich in dieſem weiten Lande bewohnt und bevölkert nennen kan, iſt der Raum zwiſchen den beyden *Cordilleras* des Andengebirges, welche von dem *Corregimiente* der Stadt *San Miquel de Ibarra*, bis an das *Corregimient Loja* gleichſam eine Straße bilden. Dieſer Raum erſtreckt ſich ferner von dem gedachten *Corregimiente San Miquel de Ibarra* bis in die Statthalterſchaft *Popagan* hinein, und begreift zugleich den Theil des offnen Landes von der weſtlichen Seite der *Cordillera* an bis an die Seeküſte. Von Oſten gegen Weſten erſtrecket ſich die *Corregimiente* ungefehr auf 15 Meilen, oder etwas drüber; ſo weit nämlich die beyden *Cordilleras* von einander abliegen.

Die

Die ganze *Audiencia Quito* besteht, übrigens aus 5 Statthalterschaften und 9 *Corregimiente*.

Die fünf Statthalterschaften sind:
I. Die Statthalterschaft *Jaen de Bracamoros.*
II. , , , *Quixos y Maças.*
III. , , , *Maynas.*
IV. , , , *Popagan*, welche aber schon beschrieben worden.
V. , , , *Atacames*,

Die neun *Corregimiente* sind folgende:
1) Die kleine Stadt *S. Miquel de Ibarra.*
2) Der *Pueblo* oder Flecken *Otabalo.*
3) Die grosse Stadt *Quito.*
4) Der *Assiento* oder Wohnplatz *Latacunja.*
5) Die kleine Stadt *Riobamba.*
6) Der *Assiento Chimbo* oder *Guaranda.*
7) Das Corregimient *Guagaquil.*
8) Die grosse Stadt *Cuenca.*
9) Die grosse Stadt *Loja.*

Diese *Corregimiente* werden in diesem Lande Provinzen genennet. Ich will erstlich die noch übrigen 4 Statthalterschaften kürzlich durchgehen, und hernach auch eines und das andere von diesen *Corregimieute* oder Provinzen anzeigen.

Die Statthalterschaft *Alacames.*

Diese Statthalterschaft liegt auf der westlichen Seite der westlichen Cordillera des Andesgebirge. Gegen Morgen grenzt sie mit den Corregimientern *Quito* und *S. Miguel de Ibarra*; gegen Mitternacht mit dem *Partido Barbacoas*, in der Statthalterschaft *Popagan*; gegen Abend endiget sie sich mit den Ufern der Südsee, und gegen Mittag grenzt sie mit dem Gebiete von *Guagaquil.* An der Küste hin erstreckt sie sich von der Insel *Tumaco* und dem Strande *Hurmal* an, welches beydes ungefehr in 1 Grad 30 Min. nordlicher Breite liegt, bis an die Bay *Caracas*, und das Gebirge *Balsamo*, dessen Breite auf 34 Minuten südlich gerechnet wird.

Mit

Mit der Anbauung dieses Landes ist es sehr langsam zugegangen, bis man endlich einsahe, daß es nöthig wäre, Wohnplätze daselbst anzulegen, und die dazu gehörigen Gegenden anzubauen, damit man hierdurch die Handlung zwischen der Provinz *Quito* und dem Königreiche *Terra firma* erleichtern könte. Man gab sich verschiedenmal Mühe, eine öffentliche Strasse durch diese Landschaften anzulegen, welches aber allemal fruchtlos ablief, bis endlich im Jahr 1735, Don Petro Vicente Maldonado sich dieser Sache unterzog, und auch im Jahr 1741 eine gerade Strasse von *Quito* nach dem Schmaragdenflusse zu Stande brachte, davor er hernach im Jahr 1746 zum Statthalter dieser Provinz *Atacames* erklärt und bestätiget wurde. Die jetzigen bewohnten Plätze dieser Statthalterschaft sind klein und arm; der gegenwärtige Statthalter läßt sich auch sehr angelegen seyn, diese Gegenden zu verbessern, zu bevölkern und anzubauen. Man findet jetzo in dem Lande zwanzig Flecken, von welchen die fünf folgenden an der Seeküste dieser Statthalterschaft liegen; ihre Nahmen sind:

Tumaco, Tola, San Mutheo de Esmeraldas, Atacames und *la Canoa.* Die Einwohner dieser 5 Flecken bestehen aus Spaniern, Mestigen, Negern und vermischten Geschlechtern, die aus den 3 erstern entstehen. In den übrigen 15 Flecken wohnen Indianer und sehr wenig Spanier und Neger. Weiter ist bey dieser Statthalterschaft nichts merkwürdiges.

Die Statthalterschaften *Quixos* und *Macas.*

Die Statthalterschaft *Quixos y Macas* liegt auf der östlichen Seite der Cordillera des Andengebirges. Man muß sich dieselbe als eine solche vorstellen, welche zwo Hauptabtheilungen hat; die eine davon ist *Quixos*, welche den nordlichen Theil in sich begreift; und die andere *Macas*, weiter gegen Süden zu. Wir wollen von beeden insbesondere etwas erinnern, und mit *Quixos* den Anfang machen. Dieses grenzt gegen Norden mit der Statthalterschaft *Popagan.* Gegen Osten erstreckt es sich bis an den Fluß *Aquarico.* Gegen Westen stößt es an die Corregimienter *Quito Latacunga* und *San Miguel de Ibara.* Der erste, der in diese Landschaft *Quixos* kommen ist, und sie entdeckt und besehen hat, war *Gonzalo Diaz de Pineda,* im Jahr 1536. Der damalige Statthalter zu *Quito, Gonzalo Pizarro,* wolte hierauf im Jahr 1539 das Land weiter untersuchen, bevölkern und dessen eigentliche

gentliche Gröſſe entdecken. Es ſchlug aber unglücklich aus, und die Eroberung blieb bis auf das Jahr 1559 ausgeſetzt. In dieſem Jahre aber wurden die daſigen Indianer zum Gehorſam gebracht, und der Ort *Baeza*, als der Hauptplatz dieſer Statthalterſchaft angelegt. Darauf folgten noch andere Städte und kleine Plätze, die noch jetzo vorhanden, aber noch eben ſo klein und ſchlecht eingerichtet ſind, als ſie gleich Anfangs waren.

Die vornehmſten Städte oder Flecken in dieſer Statthalterſchaft ſind:

Der Flecken *Baeza*, iſt zwar, wie geſagt, der älteſte in dieſem Lande, und hat ſonſt auch den Rang über die übrigen, weil die Statthalter ihren Sitz daſelbſt hatten: er iſt aber doch beſtändig ſehr klein geblieben. Heut zu Tage hat es nicht über 8 oder 9 Häuſer von Strohe, in welchen ungefehr 20 Perſonen von allerhand Alter und Geſchlecht wohnen mögen. Man hat ihn deswegen mit zu dem Flecken *Papallacta* geſchlagen, worinne der Pfarrer wohnt. Der Statthalter hat auch ſeinen Sitz verändert, und ſich nach *Archidona* gewendet.

Die Stadt *Archidona* iſt ein kleiner Ort unter dem erſten Grad, und einige wenige Minuten ſüdliche Breite, und ungefehr 1 Grad 50 Minuten öſtlich von *Quito*. Die Häuſer ſind von Holze gebauet und mit Strohe gedeckt. Die Anzahl der Einwohner belauft ſich ordentlich auf 650 Spanier, auch einige Indianer, Negren, Meſtigen und Mulatten.

Die Stadt *Avila* liegt im 0 Grad 40 Minuten der ſüdlichen Breite, und ungefehr 20 Grad 20 Minuten gegen Oſten von *Quito*. Sie iſt noch kleiner als die vorhergehende, die Häuſer ſind aber von gleicher Beſchaffenheit. Die Anzahl der Einwohner wird ſich kaum auf 300 Perſonen von allerley Geſchlecht und Alter erſtrecken.

Dieſe Plätze nebſt einigen andern machen den vornehmſten Theil der Statthalterſchaft *Quixos* aus. Die Witterung in dem ganzen Lande iſt warm und ſehr feuchte, und regnet es beſtändig. Das Land iſt gebirgicht und mit dichten Gebüſchen und ſtarken Bäumen angefüllt. Vornemlich wachſen gegen Süden und Weſten die Zimmetbäume. Ein Theil davon wird auswerts verführt, das übrige wird im Lande verthan. Er iſt aber nicht von ſolcher Güte wie der oſtindiſche, ob er ihn gleich in äuſſerlichen ziemlich beykommt, wiewol er etwas dunkler, ſchmeckt auch ſchärfer und nicht ſo angenehm als der oſtindiſche.

Die Grenzen der andern Abtheilung dieser Statthalterschaft, Macas, sind gegen Osten, die Statthalterschaft *Maynas*, gegen Süden, die Statthalterschaften *Bracamoros* und *Paquarsongo*. Gegen Westen wird sie durch die östliche Cordillera des Andengebirges von den Corregimientern *Riobamba* und *Cuenca* getrennet.

Macas ist der vornehmste Ort dieser Landschaft, und führt den Namen einer Stadt vom ersten Range. Ihr alter Name ist eigentlich *Sevilla del Oro*, unter welchen sie auch in der homannischen Karte steht. Ihre südliche Breite ist 2 Grad 30 Min. und liegt ungefehr 40 Min. weiter gegen Morgen als *Quito*. Ihr Umfang ist so klein, daß man nur 130 Häuser in derselben zählet. Sie sind von Holze aufgebauet und mit Stroh bedeckt, und man rechnet, daß ungefehr 1200 Seelen darinne wohnen. Es sind meistens Mestigen und andere Geschlechter, aber wenig Spanier. Es gehören übrigens noch 5 Flecken zu dieser Statthalterschaft. Die Witterung ist hier etwas anders als in *Quixos*, weil das Land bergicht ist. Der Boden ist fruchtbar, in Ansehung solcher Früchte und Gesäme, welche eine warme und feuchte Witterung erfordern. Dasjenige, was man in dem Lande vornemlich erbauet, ist der Toback. Dieser wird in grossem Uiberflusse eingesammlet. Man machet hernach Rollen daraus, und verführt ihn durch ganz Peru zum Verkaufe, wo er wegen seiner Güte sehr gesucht wird.

Die Statthalterschaft *Jaen de Bracamoros*.

Mit dieser Statthalterschaft endiget sich das Gebiete der *Audiencia Quito* auf der südlichen Seite. Sie wurde im Jahr 1538 von Petren de Vergara entdeckt und erobert. Nach ihm kam *Juan de Salinas* dahin, dem man bereits die Würde eines Statthalters über dieses Land ertheilet hatte. Nachdem derselbe hier alles besser eingerichtet, und die Indianer zum Gehorsam gebracht hatte, legte er den Grund zu den vornehmsten Wohnplätzen im Lande, die man noch jetzo findet, wiewol sie sich sehr verschlimmert haben. In den ersten Zeiten war diese Stadt unter dem Nahmen *Iqualsongo* und *Pacamoros* bekannt; nachgehends verderbte man diesen Nahmen, und machte *Isquarsongo* und *Bracamoros* daraus. Man merket darinne folgendes:

Die Stadt *Jaen* an dem nordlichen Ufer des Flusses *Chinchipe*, und zwar in dem Winkel, den derselbe mit dem *Maranjou* macht, in der südlichen Breite von ungefehr 5 Grad 25 Minuten, nicht weit von

der

der Mittagslinie von *Quito.* Sie führt den Beynahmen *Bracamoros,* und wurde zuerst im Jahr 1549 von *Diego Palomino* in dem Bezirke *Chaca Inga* erbauet. Sie ist eben so klein und schlecht, wie die übrigen Städte in *Macas* und *Quixos.* Die Anzahl der Einwohner erstreckt sich auf 3 bis 4000 Seelen von allerley Geschlecht und Alter.

Die 3 Städte vom ersten Range, welche *Juan de Salinas* zuerst in dieser Statthalterschaft anlegte, sind noch jetzo eben so klein, unbefestiget und armselig als *Jaen.* Ihre Nahmen sind: *Valladolid, Logola* und *Santjago de las Montanjas.* Ausser diesen findet man auch noch verschiedne kleine Oerter und Flecken hieselbst, die aber nichts zu bedeuten haben, ausgenommen der Flecken *Chachanga,* an dem Ufer eines Flusses dieses Nahmens, in der Breite von 5 Grad 21 Min. Er liegt 4 Tagereisen von *Joen* ab, und dient denselben zu einem Hafen nach dem *Maranjou* oder Amazonenflusse.

Diese Landschaft ist seit seiner ersten Entdeckung wegen seiner Reichthümer berufen gewesen, wie man denn auch häufig Gold aus derselben hervorgebracht hat. So bald sich aber die Indianer, wegen der Grausamkeit der Spanier, empörten, hatte dieses ein Ende. Heut zu Tage bekommt man wenig Gold aus demselben, und zwar nicht aus den Bergwerken, sondern aus Flußsande, woraus es die Indianer nachgehends lesen, wenn die Flüsse stark angelaufen gewesen sind, da sie denn Goldkörner, Goldstaub und Goldstäupelchen finden. Alles dieses dient ihnen statt des Geldes, wenn sie ihre Zinsen bezahlen, oder etwas, das sie nöthig haben, kaufen wollen. Uiberhaupt aber sehen sie das Gold mit grosser Verachtung an: Sie könten viel sammlen, wenn sie wolten; sie thun es aber nicht. So wächst auch in dieser Statthalterschaft sehr viel Toback, und es wird so viel davon eingesammlet, daß die gemeinste Beschäftigung aller Einwohner im Lande diese ist, daß sie Toback pflanzen und bauen.

Die Statthalterschaft *Maynas.*

Dieses ist die letzte Statthalterschaft der *Audiencia Quito.* Sie erstreckt sich gegen Osten zu, und folgt unmittelbar auf die beyden Statthalterschaften *Quixos* und *Jaen de Bracamoros,* worinne die verschiedene Flüsse entspringen, die erstlich mit einem schnellen Strome einen grossen Raum durchlaufen, sich hernach vereinigen, und den Amazonenfluß ausmachen, der auch unter dem Nahmen *Maranjou* bekannt ist.

Die

Die anmuthigen Ufer dieses und vieler anderer Flüsse, welche dem *Maronjou* ihr cristallenklares Wasser zollen, durchkreuzen die Statthalterschaft *Maynas*; und das Ende derselben ist gegen Norden und Süden so wenig bekannt, daß sie sich vielmehr in den Ländern der Ungläubigen verlieren, und keine weitere Spur von ihren Grenzen übrig lassen, als was man durch die Mißionen der Jesuiten hat erfahren können; deren Sorgfalt und Wachsamkeit die geistliche Eroberung und Regierung der hier wohnenden barbarischen Völker und Nationen überlassen ist.

Gegen Osten stößt *Maynas* an die Landschaften der Portugiesen; und ihre wahre Grenze ist die merkwürdige Grenzscheidungs- oder Mittagslinie, welche zugleich die Herrschaften der Spanier und der Portugiesen voneinander scheidet. Ich will mich mit dem in diesen Landen befindlichen Mißionen der Jesuiten nicht aufhalten, als welche wenig zu unsrer Absicht dienen, sondern nur eines und das andere von dem Lande selbst und vornemlich von dem berühmten Amazonenflusse erinnern.

Die Hauptstadt dieser ganzen Statthalterschaft ist *San Francisco de Borja*. Sie ward im Jahr 1634 von *Don Diego Baca de Vega* angelegt, und verdient den Vorzug einer Hauptstadt mit allem Rechte, sowol deswegen, weil sie in der ganzen Statthalterschaft der erste bewohnte Platz gewesen ist, als auch deswegen, weil die dasigen Indianer sich durch ihre Zuneigung gegen die Spanier besonders hervorthaten, da diese sich in ihren Landschaften einfanden. Sie liegt in der südlichen Breite von 4 Grad 28 Minuten, und 1 Grad 54 Min. gegen Osten von der Mittagslinie von *Quito*. Von ihrer Größe, Einrichtung und Beschaffenheit gilt eben das, was von den Städten in der Statthalterschaft *Jaen* gesagt worden ist. Die Einwohner aber machen hier eine geringere Anzahl aus, als zu *Jaen de Bracamoros*, ob sie schon aus Mestigen und Indianern bestehen, und der Statthalter in *Maynas* und *Maranjou* hier seinen Sitz haben muß.

Santjago de la Laguna ist der vornehmste Flecken der Mißionen, wo sich der *Superior* beständig aufhalten muß. Er liegt an dem östlichen Ufer des Flusses *Guallaga*. Jetzo stehen unter dem Statthalter zu *Maynas*, und im Geistlichen unter dem Bischoffe zu *Quito*, 36 hieher gehörige Mißionen, deren 12 an dem Flusse *Napo*, und 24 an dem Amazonenflusse liegen, mit deren Nahmen ich mich nicht aufhalten will, wie ich denn auch die übrigen Flecken mit Stillschweigen übergehe. Ich will vielmehr den Amazonenfluß kürzlich beschreiben. Es

ist

Es schwer, den eigentlichen Ursprung dieses berühmten Flusses anzugeben, da die Quellen dieses Stroms so zahlreich sind, und er gleichsam so viel Schuppplätze hat, daß man, ohne zu irren, eine jegliche Quelle so nennen kan, welche von der östlichen *Cordillera* des Andengebirges herunter fließt, von der Statthalterschaft *Popagan* an, wo der Fluß *Caqueta* oder *Yapara* entspringt, bis an die Provinz *Guamaco*, ungefehr 30 Meilen weit von *Lima*, denn sie fliessen alle zusammen in den Amazonenfluß, und machen alsdenn ein aus vielen Theilen bestehendes Ganze. Nach derjenigen Meinung, die in den neuern Zeiten den meisten Beyfall gefunden hat, wird der Ursprung des Flusses *Maranjou*, oder welches einerley, des Amazonenflusses in die Provinz oder das Corregimient *Farma* gesetzt. An dem See *Lauricocha*, bey der Stadt *Guamaco*, in der südlichen Breite von ungefehr 11 Graden, fängt er seinen Lauf an. Von hier nimmt er solchen gegen Süden zu, bis die Breite ungefehr 12 Grad beträgt, durch das Land, welches zu dem Corregimiente *Farma* gehöret. Hierauf macht er unvermerkt eine Krümmung, wendet sich nach Osten, und geht durch das Corregimient *Jauxa*. Hier wendet er sich so gleich wiederum nach Norden zu, nachdem er an der östlichen Seite der Hauptcordillera des Andengebirges fortgelaufen ist. Gegen Westen läßt er die Provinzen *Mogobamba* und *Cacha Pogas* liegen, und setzt seinen Lauf nach der Stadt *Jaen* fort. Von der See *Lauricocha* an bis an diese Stadt, beträgt der Lauf dieses Stroms über 200 Meilen, mit den Wendungen, die er auf dem Wege macht, und binnen dieser Wege haben sich schon eine grosse Anzahl ansehnlicher Flüsse und Ströme mit demselben vereiniget, wie er denn auch von dieser Stadt anfängt, schiffbar zu werden. Auf dem weiten Wege, den der Strom von dieser Stadt oder dem Flecken *Chachanga* an, bis in die See zurück zu legen hat, findet man Orte, wo sich die Ufer zusammen ziehen und verschiedene Flüsse enger bilden, und wo daher die Durchfahrt wegen des schnellen Stromes gefährlich ist. An andern Orten krümmet sich der Strom; das Wasser schlägt alsdenn mit Gewalt an die steilen Felsen am Ufer, macht verschiedene Strudel und Wirbel, und verursacht dadurch eine grosse Hinderung in der Schiffahrt. Unter die Flüßengen ist sonderlich diejenige berühmt, welche sich zwischen *S. Jago de las Montanjas* und *Borja* befindet. Man nennt sie *Pongo de Manzeriche*. *Pongo* bedeutet ein Thor. Die Indianer legen diesen Nahmen ordentlich allen engen Wegen bey. Der andere Nahme ist von der daran stoffenden Gegend hergenommen, welche denselben führt.

Nach dem Berichte des Herrn *de la Condamine*, welcher diesen ganzen Fluß genau untersucht hat, beträgt die Breite dieses *Pongo*, da, wo sich die Ufer des Flusses am engsten zusammen fügen, 25 Wißen oder 150 Schuh. Diese Breite dauert 2 Seemeilen fort, von dem Orte an gerechnet, wo sich die Enge anfängt, bis an die Stadt *Borja*. Diesen Weg hat er in 57 Minuten zurück gelegt, welches etwas ganz ausserordentliches ist, da der Weg ungefehr 1¼ deutsche Meilen beträgt, und dabey hatte er noch den Wind wider sich. Wenn man diese Verhinderung mitrechnet; so folgt, daß der Lauf des Stroms stündlich 2⅐, oder wenn es viel ist, 3 Seemeilen beträgt, welches mit 1¼ deutscher Meile überein kommt.

Was die Länge dieses Flusses anbelangt, so beträgt sich von der Stadt *Jaen* an bis zu seinem Ausfluß in die See, 30 Grad, welches 600 Seemeilen ausmacht. Wenn man diese nach den Krümmungen und Wendungen rechnet, die der Strom auf diesem Wege macht: so wird die ganze Weite 900 Seemeilen betragen; und 1100 Meilen, oder etwas drüber, lauft sein Wasser von *Lauricocha*, bis es sich mit dem Meere vermischt. Aus dieser grossen Länge kan man einen Schluß auf seine Breite und Tiefe machen. An den Orten, wo sich der Strom zusammen zieht, verbiegt sich sein Wasser in ungeheure Tiefen. Zwischen der letzten spanischen Mißion, *los Pebas*, und der ersten portugiesischen, *San Pablo*, wo er sich in einige Arme zertheilet, massen die Herrn *de la Condamine* und *Don Pedro Maldonado* die Breite einiger derselben, und fanden, daß ein jegliches deren für sich gerechnet, ungefehr 900 Wisen breit war, welches beynahe ¼ einer Seemeile ausmacht. Bey dem Flusse *Chuchanga*, ohnweit *Jaen*, wo, wie gesagt, der *Maranjou* schiffbar wird, fand der erstere seine Breite 135 Wisen, und die Tiefe desselben konte er hier mit einem Faden von 28 Klaftern noch nicht ergründen, ausser in dem dritten Theile seiner Breite. Unterhalb des Flusses *Coari* beträgt seine Breite 1000 bis 1200 Wisen, welches einer halben Seemeile gleich kommt, und die Tiefe war so groß, daß er mit einer Schnur von 103 Klaftern noch keinen Grund finden konte.

Nachdem der *Maranjou* so weite Länder durchlaufen ist, das Wasser, welches von den *Cordillerad* und aus so entfernten Provinzen

zen heraus fließt, in seinem Busen gesammlet, und eine ansehnliche Menge grosser und kleiner Inseln gebildet hat: so fängt er von dem Flusse Xinga an, sich nach Nordosten zu wenden; und zu gleicher Zeit wieder breiter, als ob sein Wasser nunmehro einen freyern Weg in das Meer haben solte. Zu diesem grossen Raume macht er viel geraume und fruchtbare Inseln, und unter diesen verdient die Insel Joannes oder Masago den Vorzug. Hier trennet sich von dem Hauptstrome, ungefehr 25 Seemeilen über der Mündung des Flusses Xinga ein Arm ab, der in einer dem Hauptstrome entgegen gesetzten Richtung gegen Süden zu fortlauft, einen Theil Wasser aus dem Maranjou mit sich führt, und den Nahmen des Canals Tagipara führt. Die Insel Joannes selbst, welche hiermit gebildet wird, beträgt im Umfange über 150 Seemeilen. Durch sie entstehen also die beyden Mündungen, wodurch sich der Maranjou oder Amazonenfluß in das Meer ergießt. Die Hauptmündung zwischen dem Vorgebürge Maguari auf dieser Insel, und dem nordlichen Vorgebirge, ist 45 Seemeilen weit. Die Mündung des Canals Tagipara aber, ist 12 Seemeilen breit, so weit nemlich das Vorgebirge Magauri und die Landspitze Tigioca voneinander abliegen.

Dieser berühmte Fluß, welcher unter allen denjenigen der größte ist, die in der heiligen und weltlichen Geschichte als merkwürdige grosse Ströme angeführt werden, ist unter 3 verschiedenen Nahmen bekannt. Diese sind folgende: Der *Maranjou*, der Amazonenfluß und der *Orellana*. Man kan aber von keinem mit Gewißheit sagen, daß er der erste gewesen sey, den der Strom geführet, ehe die Spanier ihn entdeckten, man weiß auch nicht, wie ihn die Indianer genennt haben. In Ansehung des Alters hat der Nahme *Maranjou* den Vorzug. Amazonenfluß ist er wegen einiger Weiber, die an dessen Ufer bewafnet gefunden, genennet worden, und die sich unterstanden, die Spanier die Fortsetzung ihrer Reise auf demselben streitig zu machen. Den letzten Nahmen *Orellana* aber hat dieser Fluß daher bekommen, weil *Francisco de Orellana*, der erste gewesen ist, der darauf geschiffet ist, Nachrichten von ihm geliefert, und mit den Indianern gestritten hat, die auf den vielen Inseln im Flusse und am Ufer desselben wohneten. Weiter kan ich mich hier in die Beschreibung dieses Flusses nicht einlassen.

Nunmehro will ich die zu der *Audiencia Quito* gehörigen 9 Corregimienter, die oben angezeiget worden, näher anzeigen, und dieses

etwas

etwas umſtändlicher, weil die meiſten an der Seeküſte, oder doch nicht
weit von derſelben liegen.

Das Corregimient San Miguel de Ibarra.

Es liegt ganz oben gegen Norden an der Grenze zwiſchen Quito
und Popagan. Die Hauptſtadt deſſelben iſt San Miguel de Ibarra,
eine Stadt vom zwoten Range. Sie liegt auf einer ſehr geraumen
Ebene, nicht weit von einem mittelmäßigen Gebirge, welches aus die
Morgenſeite liegt. Sie iſt zulänglich geraum; die Straſſen ſind gerade und breit, die Häuſer gröſtentheils von ungebrannten Ziegeln oder
Steinen aufgeführt und mit Ziegeln gedeckt. Hauſſen vor der Stadt
ſind verſchiedene Gaſſen, wo die Indianer wohnen. Auſſer der Pfarrkirche findet man hier auch noch einige Klöſter. Die Anzahl der Einwohner rechnet man auf 10 bis 1200 Seelen von allerley Alter, Geſchlecht
und Stande. Es gehören dazu auch noch 8 Flecken vom erſten Range
oder Kirchſpiele dazu. Unter dieſen ſind berühmt: Der Flecken Salinas, weil man in deſſen Bezirke Salzgruben findet. Dieſes Salz iſt
mit Salpeter vermiſcht, daher es nicht allzu geſund iſt, doch wird das
meiſte, was man heraus gräbt, theils hier verzehret, theils in den nordlichen Gegenden verführet.

In den Gegenden, welche zu dem Flecken Mira gehören, findet
man Plätze, wo Waldeſel gezeuget werden. Sie vermehren ſich ſehr
ſtark, ſind aber ſchwer zu fangen. Die Beſitze ſolcher Plätze erlauben
daher denjenigen, welche es verlangen, ſo viel Waldeſel daraus wegzuholen, als ſie bekommen können, und zwar für ein geringes Geld, welches nach der Anzahl der Tage, die ſie damit zubringen, berechnet wird.
So wilde aber als ſie ſind, ſo werden ſie doch bald zahm, ſo bald man
ihnen nur zum erſtenmale eine Laſt aufgelegt hat. Etwas merkwürdiges iſt, daß ſie kein Pferd um ſich leiden, ſondern daſſelbe, wenn ſie
können, zu todte beiſſen.

Die Witterung iſt hier ſehr gelinde. Es iſt zwar nicht ſo kühle
wie in Quito, man empfindet aber auch keine beſchwerliche Hitze. Daher erzeuget man hier allerhand Früchte und Gewächſe, als Zuckerrohr,
Mays, Weitzen, Gerſte und ſ. w. Stuttereyen findet man ebenfals
häufig. Wollenmanufacturen und andere Fabricken ſind zwar nicht
häufig, doch ſind die Indianer nicht ungeneigt zu weben, und Leinewand
oder andre Zeuge zu verfertigen.

Das

Das Corregimient Otabalo.

Dieses Corregimient liegt auf der südlichen Seite des vorhergehenden, und gehören unter dessen Gerichtsbarkeit 8 Hauptflecken oder Kirchspiele.

Otabalo, der Hauptort darinne, ist gros, gut angelegt, und so volkreich, daß man die Einwohner auf 18 bis 20000 Seelen von allerley Geschlechte, Alter und Stande, rechnet. Darunter sind viel Spanier, die übrigen Flecken alle aber werden von Indianern bewohnt.

Man findet in diesem Corregimiente sehr ansehnliche und reiche Manufacturen, denn die hiesige Indianer haben grosse Neigung zum Weben und Tuchmachen. Ausser dem, was in den ordentlichen Manufacturen gearbeitet wird, verfertigen die freyen Indianer, die nicht gemiethet sind, viele Sachen auf ihre Rechnung, als inländische Leinwand, Teppiche, Himmeldecken zu Betten und Matratzen, die auf Damastart gewirket sind, alles von Baumwolle. Manche sind weis, und auf verschiedene Art gewirket. Andere sind blau und weis. Sie werden alle sehr hoch geachtet, sowol in der Provinz Quito, als an andern Orten, wohin sie gebracht werden. Man findet auch hier viele und grosse Stuttereyen und Haros, oder Heerden Vieh, wo sehr viel Käse gemacht wird. An Schäfereyen fehlt es auch nicht.

Das Corregiment Quito.

Dieses Corregimient besteht aus der Hauptstadt *Quito*, aus 25 Hauptflecken oder Kirchspielen, diejenigen noch ungerechnet, welche eigentlich unter die Stadt gehören. Der ganze Bezirk desselben wird zwar nur auf 5 Meilen gerechnet, er erstreckt sich aber an einigen Orten noch etwas weiter. Man findet hier viele Landgüter, welche nach der Beschaffenheit oder Lage des Bodens verschiedene Früchte hervorbringen. Auf den Ebenen, wo eine sehr gemäßigte Witterung ist, wächst ordentlich Waitz, und wird sehr reichlich eingeerndet. In den Thälern, wo es warm ist, wächst Zuckerrohr. Auf den Bergen, wo die Witterung verschieden, und bald wärmer, bald kälter ist, findet man Waitzen, Gerste, allerhand Küchengewächse und Papas. Auf den Hügeln werden Heerden von sehr grossen Schaafen angetroffen, mit deren Wolle die Manufacturen in der Handelschaft versehen werden. Auf andern findet man Heerden von Rindvieh, aus deren Milch Käse oder Butter gemacht wird. Andre Landgüter bestehen aus Manufacturen, in welchen inländisches Tuch, Etamin, Fries und Scharsche verfertiget wird.

Die Stadt *Quito*, oder eigentlich *San Francisco de Quito*, ist eine Stadt vom ersten Range, welche Vorrechte sie im Jahr 1541, sieben Jahr nach ihrer Bevölkerung erhalten hat. Sie liegt im 0 Grad 13 Min. 35 Sec. der südlichen Breite, und im 298 Grad 15 Min. 45 Sec. der Länge von dem Mittagszirkel des *Pico* zu Teneriffa an gerechnet, in dem innern südlichen Amerika an der östlichen Seite der westlichen Cordillera des Andenbirges, ungefehr 35 Meilen von der Küste und dem Ufer der Südsee. Sie ist um und um mit Bergen von mittelmäßiger Höhe umgeben. Die Stadt ist so gros, wie die europäischen Städte vom zweeten Range. Sie könte viel grösser zu seyn scheinen, wenn sie an einem andern Orte läge, der nicht so ungleich und so voller Löcher wäre. Sonst war die Stadt viel reicher als jetzo, denn es sind viel Einwohner, und besonders Indianer, daraus hinweg gekommen. Dieses sieht man daraus, weil fast ganze Gassen und Gegenden der Stadt eingegangen sind.

Der Berg *Pichincha*, welcher auf der nordwestlichen Seite liegt, gehört mit unter die feuerspeienden Berge, von welchen hier sehr viele gefunden werden. Die Oefnung ist oben in einer Felsenspitze, welche mit Sand und verbrannten Dingen bedeckt ist. Jetzo wirft er kein Feuer aus, und man sieht auch keinen Rauch empor steigen. Allein der Wind erregt zuweilen in den innern Hölen ein so fürchterliches Getöse und Gebrülle, daß dadurch alle Einwohner in grosse Furcht gesetzt werden, indem sie sich erinnern, was er sonst vor Verheerungen angerichtet, und wie er die ganze Stadt und umliegende Gegend mit Asche bedeckt hat, wodurch zuweilen so dicke Wolken entstunden, daß man in drey bis 4 Tagen gar keine Sonne sehen konte, und in beständiger Finsterniß lebte. Ganz oben auf dem Berge findet man beständig vieles Eis, von hier holt man es in die Stadt, und bedient sich desselben häufig zu Getränken, die man mit Eise abzukühlen pflegt.

Die Stadt, innerhalb der Ringmauer, ist in sieben Kirchspiele eingetheilet, welche aber meistentheils sehr arm sind, ausgenommen die Hauptkirche und *el Sagrario*, welche sehr reich, und mit Silberwerke, saubrer Auskleidung, und andern sehr kostbaren Kirchenschmucke versehen sind. Es sind auch verschiedne Klöster, Schulen und eine Universität

Stät daselbst. Unter diesen sind vornehmlich die Klöster über die Massen reich.

Unter den Obrigkeiten und Gerichten, die sich zu Quito befinden, sind die vornehmsten.
1) Die Königliche *Audiencia*. Diese ist im Jahr 1563 hieher gekommen.
2) Die Königliche Cassen, oder die Königlichen Steuer.
3) Ein Tribunal de Cruzade oder Gericht der Kreuzzüge.
4) Eine *Thesoreria* oder eine Schatzkammer der Güter der Verstorbenen, welche die Güter derjenige in Verwahrung nimt, welche rechtmäsige Erben in Spanien haben.
5) Das *Aguntæmiento* oder der Stadtrath.
6) Das geistlich Capitel und andere mehr.

Der Reichthum dieser Stadt ist in Ansehung anderer indianischen Städte nicht eben so gar ansehnlich, doch ist sie auch nicht unter die armen Städte zu rechnen. Die vornehmsten Häuser sind mit allerhand Silberwercke reichlich versehen; und darinne pflegen ordentlich die Speisen und Getränke aufgetragen zu werden. Es fehlt so gar armen Leuten nicht daran, so wenig es auch seyn mag, denn es ist etwas gemeines, daß ein jeglicher ein silbernes Gefäß hat, woraus er isset, und welches bald größer bald kleiner ist.

Die Luft zu Quito, unerachtet sie bey nahe unter der Linie liegt, ist so gemäsiget, daß man daselbst weder von der Wärme Beschwerlichkeit, noch von der nahen Kälte Unbequemlichkeit empfindet. Die Witterung bleibet das ganze Jahr hindurch ziemlich gleichförmig, und der Unterschied hierinne zwischen allen Tagen im Jahre ist ganz unmercklich. Früh ist es kühle, und hernach den Tag über gemäsiget. In der Nacht spürt man eine angenehme gemäsigte Luft. Dem ohngeachtet hat man hier öfters erschröckliche Platzregen, grausame Donnerblitze und Wetterleuchten, auch bisweilen sehr unvermuthete Erdbeben. Uibrigens aber ist die Fruchtbarkeit der hiesigen Gegenden so groß, daß man sie nicht mit Worten aussprechen kan.

Was die Handlung dieser Stadt anbelangt, so wird sie vornehmlich von Europäern oder *Chæpetonen* getrieben, wovon einige hier wohnen, andere nur durchreisen, diese kaufen einheimische Waaren ein, handeln mit europäischen Gütern, und treiben mit beyden ihr Gewerbe. Die einheimischen Waaren bestehen im weissen Cattune, den man

Tacusso

Tacuſſo nennet; im geſtreiften und bunten Cattune, Frieſe und Tüchern. Dieſe werden nach *Lima* gebracht, und daſelbſt verkaufft. Von da werden alsdenn alle innere Provinzen in Peru damit verſorgt. Die Waaren, welche man dafür erhält, ſind theils Silber, theils geſponnenes Gold und Silber; Franſen, die in dieſer Stadt verfertiget worden; Wein Brantewein und Oele; Kupfer, Zinn, Bley und Queckſilber. Wenn die Galleonen vor Cartagena liegen; gehen die Kaufleute mit ihren Gütern nach *Popagan* oder *Santa Fe*, und vertauſchen ſie vor europäiſche Waare, welche ſie hernach bey ihrer Zurückkunft in der ganzen Provinz zu vertreiben ſuchen.

Was die übrigen Flecken anbetrift, welche zu dieſem *Corregimiente* gehören, haben ſie eben kein ſonderlich äuſerliches Anſehen. Die Kirche und die Pfarrwohnung ſind gemeiniglich die vornehmſten Gebäude, das übrige ſind Hütten von Leimen oder Thon mit Stroh gedeckt, welche auf dem Felde zerſtreut herum ſtehen.

Das Corregimient *Latacunga*.

Dieſes iſt das erſte, welches auf der ſüdlichen Seite von *Quito* folget. Es gehören unter die Gerichtsbarkeit deſſelben 17 Hauptflecken, die Hauptart darinne iſt:

Der *Aſſiento Latacunga*. *Aſſiento* bedeutet ein Bot, der geringer als eine *Ville* oder kleine Stadt, aber doch mehr als ein *Pueblo* oder Flecken iſt. Dieſer Bot liegt in 55 Minuten 14½ Sec. ſüdlicher Breite an dem Fuſe der oſtlichen Cordillera des Andengebirges gegen Weſten ſtrömt ein ziemlich ſtarker Fluß. Der Ort iſt gros und ziemlich ordentlich, die Gaſſen ſind breit und gerade, die Häuſer von Kalch und Steinen aufgeführt, alle gewölbt, ſchön und gut eingetheilet. Sie ſind aber nur ein Stockwerck hoch, wegen der häufigen Erdbeben. Alle Steine, wovon die Häuſer, Kirchen und Gewölber gebauet ſind, beſtehen in einer Art von Bimſenſteinen, welche die feuerſpeiende Berge auszuwerfen pflegen, und welche hier gegraben werden. Sie ſind ſo leicht, daß ſie auf dem Waſſer ſchwimmen und ſehr löcherich, daher hängt ſich der Kalch ſehr feſt an dieſelben an. Man findet auch einige ſchöne Kirchen und Klöſter allhier. Die Einwohner hat man auf 10 bis 12000 Seelen von allerhand Alter und Geſchlechte gerechnet. Der gröſte Theil davon beſteht aus Spaniern und *Meſtigen*. Es werden auch hier allerhand Künſte und Handwerke, wie man denn

denn auch hier als in den übrigen hieher gehörigen Bezierken viele Manufacturen findet, wo Tuch, Fries und *Tucugo* verfertiget wird. Die Witterung und Luft ist besonders zu *Latacunga* kalt, denn ungefehr 6 Meilen von dem *Assiento* liegt der Berg *Cotopaxi*, der nicht weniger hoch und dicke beschaffen ist, als der Berg *Chimborazo* und *Cayamburo*. Ehedem spieg er gewaltig Feuer aus, wie er denn auch im Jahr 1743 wieder zu toben anfing. Die ganze weite Ebene ist mit ungestalten Felsen angefüllt, die er ehemals ausgeworfen hat, einige davon liegen über 5 Meilen weit von demselben. Alle umliegende Gegenden um den *Assiento* sind mit *Saenfocu* und Weiden bewachsen. Diese erquicken die Augen durch ihre grüne Farbe und dichten Zweige, machen die ganze Gegend lustig, und die Lage des Orts angenehm.

Das Corregimient *Riobamba*.

Es folgt gleich auf das erstere. Der dazu gehörige Bezirk hat zwo Abtheilungen. Der Statthalter zu *Riobamba* ernennet einen Unterstatthalter für den *Assiento Hambato*, der zwischen *Latacunga* und *Riobamba* liegt. Unter den erstern Ort, *Riobamba* gehören 18, und unter *Hambato* 6 Hauptflecken.

Der Hauptort ist *Riobamba*, eine kleine Stadt. Sie liegt im 1 Grad 41 ¾ Minuten südlicher Breite, und 22 Minuten gegen Westen von der Stadt *Quito*. Der Marschall Diego de Almagro, legte im Jahr 1534 den ersten Grund zu derselben. Die Häuser sind von Kalch und Steinen aufgeführt; der vornehmste Markt und die Gassen dieser Stadt sind sehr regelmäsig gerade, und so angelegt, daß das Wasser davon ablaufen kan. Einige Häuser vornehmlich um Markt herum, sind zwo Stockwerk hoch. Die Einwohner werden auf 16 bis 20000 Seelen gerechnet, und sind den Einwohnern in *Quito* in allen Stücken gleich.

Das Land hat viele und grose Landgüter, wie auch reiche und zahlreichere Manufacturen, als bey irgend einem andern Theile der Provinz. Sonderlich stehen die Indianer in dem Flecken *Guano* im Ruffe wegen ihrer wollenen Strümpfe, welche daselbst verfertiget werden. Dieses ist auch der einzige Ort in der ganzen Provinz, wo man dergleichen wirket. Das Land ist sehr fruchtbar, und bringt allerhand Arten von eßbaren Kräutern und Getreide hervor. Wenn auf

dem

dem einem Stücke Feld gesäet wird; so wird zu gleicher Zeit auf einem andern daran stoſſenden Felde geerndet; auf einem, andern ſchoſſet das Getreyde zur gehörigen Zeit, und noch auf einem andern geht dasjenige auf, was kaum geſäet worden iſt. Die daſigen Felder und Hügel ſcheinen mehr durch die Fauſt gemahlt, als von Natur alſo bewachſen zu ſeyn.

Der *Aſſiento Hampato*, als die andere Abtheilung dieſes *Corregimients* liegt auf einer ziemlich geraumen Ebene, unten in einem Thale, gegen Norden ſtrömt ein ziemlich ſtarker Fluß, worüber eine Brücke geſchlagen iſt; denn der Strom iſt ſo ſtark und ſchnell, daß man zu keiner Zeit durchwaden kan. Die Einrichtung dieſes *Aſſiento* iſt ziemlich gut. Er iſt nicht viel kleiner als *Latacunga*. Man rechnet darinne auf 8, 9 bis 10000 Seelen. Die Häuſer ſind von ungebranten Ziegeln aufgeführet, ſehen gut aus, und ſind ſchön gebauet; ſie haben aber alle nur ein Stokwerk. Die Einwohner ſind alle kriegeriſch und dabey boshaft. Wegen dieſer letztern Eigenſchaft ſtehen ſie in dem übrigen Theile der Provinz im übeln Ruffe, und auch ihre nächſte Nachbarn denken wenig guts von ihnen. Dieſer Bezirk hat in Anſehung verſchiedener Dinge, welche theils Werke der Kunſt, theils Früchte ſind, einen Vorzug vor den übrigen Landſchaften. Darunter gehört das Brod, welches in dem *Aſſiento* gebacken wird, und in der ganzen Provinz wegen ſeiner Güte berühmt iſt. Ferner werden hier allerhand künſtliche Sachen aus Holze verfertiget, und was dergleichen mehr. Es wachſen hier auch die meiſten europäiſchen Früchte, die man zu *Quito* findet, wozu die bequeme Witterung vieles beyträgt.

Des Corregimient Chimpo.

Es liegt auf der weſtlichen Seite von *Riobamba* zwiſchen dieſem und *Guagaquil*. Sie beſteht aus einem *Aſſiento* und 7 Flecken.

Der *Aſſiento* iſt *Chimpo*, welches gleichſam die Hauptſtadt iſt, wo ehemals die *Corregidoren* ihren Sitz hatten, da ſie ſich hingegen jetzo zu *Guaranda* befinden, weil dieſer Ort zur Handlung bequemer iſt. In dem *Aſſiento* rechnet man ungefehr 80 Geſchlechter, lauter arme Leute, worunter ſich auch einige Spanier befinden. Die übrigen und zwar die meiſten Einwohner ſind Meſtigen und Indianer.

Der

Der Flecken *Guaranda* ist der volkreichste; er besteht aber fast gänzlich aus Geschlechtern der Mestigen. Spanier findet man hier sehr wenig. Die übrigen sind Indianer.

Weil dieses *Corregimient* das erste am Gebirge ist, wo die Grenzen von *Guagaquil* sind; so unterhält es auch vermittelst der häufigen Maulesel, die ganze Handlung von *Quito* mit den übrigen peruanischen Provinzen, durch die Provinz *Guagaquil*. Aus dem Gebirge verführt man Tuche, Zeuge, die daselbst verfertiget werden, Mehl und Getreide, wie es in dem Lande wächst. Dafür holt man Wein, Salz, Baumwolle, Fische, Oel und andere Waaren, woran das Land Mangel leidet. Die Einwohner ziehen aus dieser Handlung sehr grosen Vortheil.

Des Corregimient Guagaquil.

Die Gerichtsbarkeit dieses Corregimients nimmt ihren Anfang in der nordlichsten Gegend am *Cabo Passado*, welches deswegen so genennet wird, weil es 20 Minuten weit gegen Süden von der Linie, und etwan einen halben Grad weit gegen Norden von dem Meerbusen von *Manta* liegt. Von diesem Vorgebirge erstreckt sich dasselbe längst an der Küste hin; begreift die Insel *Pana* mit in sich, und geht bis an den Flecken *Machala*, auf der Insel *Tambez*, wo es an das Corregimient *Picera* grenzet. Von hier wendet es sich sogleich gegen Osten, bis an die Grenzen des Corregimients *Cicenca*. Alsdenn drehet es sich gegen Norden, geht an der westlichen Seite der *Cordillera* des Andengebirges hin, und grenzt an die Corregimiente *Riobamba* und *Chimbo*. Die Länge von Norden gegen Süden beträgt noch nicht 60 Meilen, und die Breite von Osten gegen Westen, 40 bis 45 Meilen, von der Landschaft *Santa Elena* an, bis an das so genannte Ufer von *Ojibar*. Das ganze Land ist eben, und wird im Winter überschwemmet, wie weiter unten gezeigt werden soll.

Es wird in 7 Statthalterschaften oder Bezirke eingetheilet. Der oberste *Corregidor* ernennt für eine jegliche einen Amtmann. Diese Amtleute werden seine Statthalter oder Lieutenante genannt, und von der *Audiencia* zu *Quito* bestätiget.

Die Nahmen dieser Bezirke sind:

Puerto Viejo,
Punta de Santa Elena,

Puna,
Yaguache,
Babahogo,
Baba und
Daule.

Alle diese Statthalterschaften will ich nach einander durchgehen, wenn ich vorher die berühmte Stadt *Guagaquil* selbst etwas umständlicher werde beschrieben haben.

Es ist ungewiß, wenn diese Stadt eigentlich ist erbauet worden, wahrscheinlicher Weise hat man zwischen den Jahren 1532 und 1534 den Anfang dazu gemacht. Erstlich stund sie an dem Meerbusen *Charapoto,* etwas weiter gegen Norden, wo jetzo der Flecken *Monte Christo* liegt. Von diesem Orte kam sie nachgehends dahin, wo sie jetzo steht, nämlich an das Ufer, oder die westliche Küste *Guagaquil,* im 2 Grad 11 Minuten 21 Secunden der südlichen Breite, und im 297 Grad 17 Minuten von dem Mittagszirkel des *Pico* zu Teneriffa. Die ersten dazu gehörigen Häuser stunden an der abhängigen Seite eines mittelmäßigen Berges, mit Rahmen *Cerillo Verde.* Die Häuser, die jetzo daselbst stehen, werden die alte Stadt genennt. Die dasigen Einwohner sehen sich durch gedachten Berg auf der einen, und durch die verschiedenen Ufer und Gewässer in der Gegend auf der andern Seite, zu sehr eingeschränkt, und verliessen zwar diesen Ort nicht ganz; sie baueten aber den vornehmsten Theil der Stadt, etwan 500 oder 600 Wisen weit davon. Den Anfang dazu machten sie im Jahr 1693. Diese neue Stadt hiengen sie mit der alten durch eine hölzerne Brücke zusammen, diese ist ungefehr 300 Wisen lang.

Die Länge dieser Stadt ist gros, und beträgt von der neuen Stadt bis an die alte an dem Flusse hin, beynahe eine halbe Seemeile. Die Breite ist aber sehr klein, denn ein jeder bauet sich gerne sein Haus am Flusse, nicht nur um das Vergnügen zu geniessen, welches die Handlung auf demselben gewähret; sondern auch wegen der gesunden und kühlen Winde, die um so viel angenehmer sind, je seltner man sie sonst im Winter spüret.

Alle Häuser in beyden Städten sind von Holze, in der neuen Stadt aber, und auch einige in der alten, sind mit Ziegeln gedeckt, die meisten in der alten Stadt aber haben Dächer von Strohe. In den neuern Zeiten ist es aus Furcht vor den Feuersbrünsten verboten worden,

den, die Häuser mit so schwachen Dächern zu bauen. Uibrigens sind sie alle schön gebauet und sehr geraum. Sie sind alle 2 Stockwerk hoch. Das untere Stockwerk inwendig dient zu Gewölbern, und auswendig stehen Buden von allerhand Arten, welche ordentlich mit ziemlich weiten Thoren versehen sind; und dieses ist der einige Weg im Winter; denn auf den Gassen kan man alsdenn nicht fortkommen.

Die Stadt hat 3 Schanzen, wodurch sie sich vor den feindlichen Anfällen vertheidigen kan. Die beyden ersten sind dichte an der Stadt am Ufer des Flusses. Die dritte liegt hinter derselben, gegen den Eingang eines *Estero*, oder einer Wasserleitung zu. Sie sind alle nur in den neuern Zeiten angelegt worden. Sie bestehen gänzlich aus einem Pfahlwerke von einem sehr festen Holze, welches sowol unter dem Wasser als im Schlamme dauert, ohne zu verfaulen, und also für die dasige Gegend sehr dienlich ist.

Die Regierung der Stadt und des dazu gehörigen Bezirks, wird von einem *Corregidor*. verwaltet, den der König auf 5 Jahr dahin setzt. Er steht unter den Präsidenten und der *Audiencia* von *Quito*. Unter ihm stehen die Statthalter oder Unteramtleute, die er in den verschiedenen Theilen dieses Bezirks zu ernennen hat. Zu den häuslichen und bürgerlichen Sachen ist hier ein Rath von ordentlichen *Alcalden* und *Regidorem*. Anderer Räthe und Gerichtspersonen zu geschweigen.

Diese Stadt ist übrigens nach Beschaffenheit ihrer Größe, eine der volkreichsten in Indien. Wegen der Handlung ist sie beständig mit Fremden angefüllt, und diese vermehren die Anzahl der Einwohner um ein grosses. Man rechnet, daß sich dieselben auf 20000 Seelen von allerley Alter, Geschlecht und Stande belaufen. Ein grosser Theil der beständigen Einwohner besteht aus Europäern, die sich hier verheyrathet und niedergelassen haben. Diese Einwohner zusammen sind in verschiedene Haufen oder Fahnen als Soldaten, ordentlich eingetheilet. Die Personen werden nach ihrem Range, und nach ihren Geschlechtern von einander unterschieden. Solchergestalt sind sie selbst die Vertheidiger ihres Vaterlandes und ihrer Güter. Die Europäer machen einen solchen Haufen aus, dieser wird die Fahne der Fremden genennt. Er ist unter allen der stärkste und schönste. Sie ergreifen alle, ohne Ansehen des Standes oder Ranges, die Waffen, wenn es die Noth erfordert, und gehorchen den Befehlen ihrer Befehlshaber. Diese erwehlen sie untereinander aus denjenigen, die schon in Spanien Dienste gethan haben, und sich daher in Kriegssachen, wenn etwas beschlossen werden soll, am hurtigsten und verständigsten aufführen. Der Corregidor ist der Vornehmste und Oberste im Kriegswesen. Hernach hat man noch einen Feldmarschall und einen Sergeantmajor. Diese üben die Soldaten in den Waffen, und haben die Aufsicht über ihre häusliche Angelegenheiten.

Uiberflüßige Reichthümer besitzt die Stadt nicht; ob man schon aus ihrer Handlung das Gegentheil urtheilen solte. Die Ursache hiervon sind theils die erschrecklichen Verheerungen und Plünderungen, die sie vornemlich in den Jahren 1686 und 1709 von den Seeräubern erduldet; theils auch die verschiedenen Feuersbrünste, dergleichen die Stadt schon neunmal erfahren hat, und die allemal eine traurige Verwüstung angerichtet. Dem ungeachtet besitzen einige noch ein ziemliches Vermögen, welches sich manchmal auf 50 bis 60000 Pesos erstrecket. Ein etwas geringeres Vermögen findet sich bey vielen. Indessen haben diese gar nichts in Ansehung derjenigen zu sagen, die man in Peru findet, wie wir nachgehends sehen werden.

Der Winter nimmt allhier seinen Anfang im Christmonate, manchmal zu Anfange, manchmal in der Mitte desselben. Zuweilen fängt er sich erstlich zu Ende dieses Monats an, und dauert bis in den April oder Maymonat. Zu dieser Jahreszeit scheinen alle Elemente, Schlangen und Ungeziefer sich vereinigt zu haben, den Menschen beschwerlich zu fallen. Die Hitze ist ganz ausserordentlich, wie man aus dem Thermometer urtheilen kan, welches gemeiniglich zwischen dem 1022 und 1027 Theile stehet, nach der Reaumutischen Eintheilung. Daraus folgt, daß die Luft hier mitten im Winter heisser sey, als zu Carthagena. Der Regen dauert alsdenn Tag und Nacht beständig fort; Donner und Blitz sind häufig und grausam; und alles mit einander scheint sich wider die Einwohner verschworen zu haben. Dabey herrscht eine beständige Windstille, und die unzehlige Menge von Würmern und Ungeziefern, sowol auf der Erde als in der Luft, fällt ganz unerträglich. Die giftigen Schlangen, Ottern, Scorpionen und Hundertfüsse, kriechen zu dieser Jahreszeit in den Häusern frey herum, und setzen das Leben der Einwohner in Gefahr, wenn sie so unglücklich sind und von ihnen gestochen werden; daher pflegen auch die allermeisten Einwohner in Zimmern oder Zeltbetten zu schlafen.

Der

Der Sommer ist hier die leidlichste Jahreszeit, denn die Plage mit dem geflügelten Ungeziefer ist alsdenn nicht so groß. Die Hitze ist nicht mehr so heftig, weil die Südwest- und Westsüdwestwinde wehen, welche man hier *Chandai* nennt. Sie fangen sich täglich zu Mittage an, und dauren fast früh um 5 oder 6 Uhr des folgenden Tages; dadurch wird die Gegend abgekühlt und ganz angenehm und leidlich gemacht. Der Himmel ist alsdenn beständig heiter, und es regnet so selten, daß man es für etwas ausserordentliches hält, wenn ein starker Regen fällt. Die Lebensmittel sind im grossen Uiberflusse vorhanden, und diejenigen, die in dem Lande gezeugt werden, sind auch wohlschmeckender, weil man sie frisch einsammlen kan.

Die meisten Lebensmittel müssen aus andern Orten dahin gebracht werden, welches vornemlich aus dem gebirgigten Orten und aus Peru geschiehet, ausgenommen Rindfleisch, Obst und Wurzeln, welche das Land selbst hervorbringt. Den gröbten Mangel haben sie im Sommer am frischen Wasser, welches zum Trinken taugte. Will man gutes Wasser haben; so muß man es 4 bis 5 Meilen weiter oben auf dem Flusse herunter führen, bald in einer grössern, bald in einer kleinern Entfernung, nachdem der Fluß angelaufen ist.

Die Handlung, die in *Guagaquil* getrieben wird, kan auf zweyerley Art betrachtet werden. Die eine wird in dem Lande selbst unter den Einwohnern desselben mit einheimischen Früchten und Waaren getrieben. Die andere ist eine Handlung mit andern Ländern. Dieser Ort dient den ganzen Provinzen, *Peru, Terra firma* und *Guatemala*, gleichsam zu einem Landungsplatze und zu einem Hafen, wo alle Güter ausgeschiffet werden, die über das Meer kommen, und nach dem Gebirge zugehen sollen. Diejenigen hingegen werden hier zu Schiffe gebracht und fortgeschaft, welche von den gebirgichten Landschaften herunter kommen, wenn sich eine bequeme Gelegenheit zeiget, sie nach den Häfen einer andern Küste hinüber zu führen. Da nun diese beyden Handlungen von so verschiedener Beschaffenheit sind: so will ich erstlich von derjenigen reden, welche die Einwohner unter einander selbst treiben, und hernach von der Handlung mit andern Ländern.

Die Waaren, welche den innern Handel des Landes ausmachen, sind:

1) Der *Cacao*, eine Frucht, die man als eine der vornehmsten des Landes betrachten muß. Er wird sowol nach *Panama*, als auch nach

nach den Häfen *Sonsonate, el Realejo* und andern an dieser Küste verführet, die zu dem Königreiche Neu-Spanien gehören. Auf gleiche Weise wird er auch nach allen peruanischen Häfen verführt, obgleich daselbst sehr wenig davon verthan wird.

2) Das Holz, dem wir die zweyte Stelle einräumen können, wird am häufigsten nach dem Hafen *Callao* verführt; manchmal auch nach den Häfen, die zwischen diesem und *Guagaquil* befindlich sind. Den hiesigen Einwohnern kostet es weiter nichts, als daß sie es fällen, behauen und an den nächsten *Estero* oder Fluß bringen, auf welchen es alsdenn hinunter nach *Guagaquil* geführet wird. Und entweder hier, oder in den Hafen *Puna*, so weit nämlich die Schiffe leer fahren, damit sie nicht zu tief im Wasser gehen mögen, wird das Holz auf die Schiffe geladen. Dieses geschiehet ordentlich bey denen Schiffen, welche in der Absicht nach diesen Hafen gekommen sind, um daselbst gekalfatert zu werden; und bey solchen Schiffen, welche man nur erstlich hat vom Stapel laufen lassen, wenn ihre Abfahrt nicht in einer andern Absicht geschiehet, woraus man grössern Vortheil zu erhalten sucht.

3) Die Einkünfte vom Salze sind ebenfals nicht geringer, ob dasselbe gleich nur nach den innern Flecken der Provinz *Quito* verführet wird. Dazu kommen noch Baumwolle, Reiß und eingesalzene und getrocknete Fische. Die ersten beyden Waaren gehen durchgängig ab, sowol in den innern Provinzen, als auch an der Seeküste.

4) Endlich handelt auch dieser Bezirk sehr stark nach dem Gebirge mit Rindvieh, Mauleseln und Füllen. Diese werden auf den hiesigen weiten Savanen häufig gezogen, und also nach dem Gebirge geführt, welches damit nicht so reichlich versehen ist, als es nöthig hat.

Ausser diesen bisher gemeldeten Dingen, finden sich auch noch andere, die aber in Vergleichung mit jenem von schlechter Wichtigkeit sind, als Toback, Wachs, Mais und andere Dinge, welche zusammen genommen nicht weniger betragen, als eins der vorhergehenden insbesondere.

Für die Waaren nun, womit dieser Bezirk die entferntern Gegenden versieht, erhält er aus Peru Wein, Branterwein, Oele und getrockalle Früchte, aus *Quito*, Fries, *Tucugo*, Mehl, Papas, eingesalzenes Schweinefleisch, Schinken, Käse und andere Eßwaaren; aus Panama solche Waaren, welche zur Zeit der Messe aus Europa gebracht werden; und aus Neuspanien Eisen, welches daselbst in einigen Gegenden gegraben wird.

Die Handlung in andere Länder ist nicht weniger stark, als die vorhergehende. Die Königreiche *Quito* und *Lima* überschicken einander dasjenige, was in ihren durch die Kunst zubereitet und gebauet wird. Aus *Lima* kommen die Früchte von den Weinstöcken und Oelbäumen; aus *Quito* erhält man Tuch, Fries, Scharsche, Hüte, Strümpfe und viel andre wollene Sachen. Weil man in *Quito* zur Vollkommenheit des Schönfärbens die blaue Farbe nöthig hat, welche man hier nicht findet; so wird dieselbe von der Küste von Neuspanien nach *Guagaquil* gebracht, und damit werden die Manufacturen auf dem Gebirge und in der Provinz *Quito* versehen. Diese Handlung geht vornemlich im Sommer in Schwange, zu welcher Zeit die Güter, welche das Gebürge hervor bringt, von demselben herunter gebracht werden können. Zu eben der Zeit gehen hinwiederum die Güter nach dem Gebirge, welche von *Guayaquil*, und den übrigen Häfen und Küsten, kommen, und nothwendig hier durchgeführt werden müssen. Indessen fehlt es niemals an Fahrzeugen auf diesem Flusse; und die Waaren, welche diesem Bezirke eigen sind, finden allemal Gelegenheit, aus demselben in die See zu kommen.

Nunmehro will ich die zu diesem Corregimiente gehörigen zwey Statthalterschaften nach einander anzeigen:

1. Die Statthalterschaft *San Gregorio de Puerto Viejo*.

Sie grenzt gegen Norden an die Regierung *Atacames*, und gegen Süden an die Statthalterschaft *Punta de Santa Elena*. *Puerto Viejo* ist die Hauptstadt derselben; sie hat das Recht einer Stadt vom ersten Range, ob sie gleich nur sehr wenige, und noch dazu arme Einwohner hat. Es gehören hierunter die Flecken *Monte Christo, Picuisa, Charapoto, Ripe Japa*.

In diesem Bezirke wird zwar etwas Toback erbauet, er verdient aber keine grosse Achtung; weil er nicht von sonderlicher Beschaffenheit ist. Das übrige, was diese Gegend hervorbringt, als Wachs, *Pita* oder indianischer Flachs, und Baumwolle, reichet kaum zum Unterhalte

H   der

der Einwohner zu, die doch keine grosse Anzahl ausmachen, weil überhaupt alle Plätze in diesem Bezirke sehr arm sind.

2. Die Statthalterschaft *la Punta de Santa Elena.*

Diese folgt unmittelbar auf die vorhergehende, und liegt derselben gegen Süden. Sie nimmt die ganze westliche Küste ein, von den Inseln *la Plata* und *Salango* an, bis an die Landspitze *Santa Elena*. Von hier geht sie an der nördlichen Küste hin, wo der Meerbusen des Flusses *Guaqaquil* ist. In dieser Weite begreift sie in sich die Flecken *la Punta, Chongon, el Morro, Colonche* und *Chanduy*.

Der Flecken *la Punta* ist der Hauptort, denn in demselben wohnt der Statthalter, der die Regierung in weltlichen Sachen besorgt. Es liegt 2 Meilen von dem Hafen, der an dieser Landspitze befindlich ist. In dem Hafen sieht man zwar einige Buden oder Schoppen; sie dienen aber nur zur Aufschüttung des Salzes und Aufbehaltung anderer Waaren, und nicht zu Wohnungen. Dieser Hafen wird aber stark von Fahrzeugen besucht. Diese kommen entweder von *Panama*, gehen nach den übrigen peruanischen Häfen, und versehen sich hier mit den schönen Kälbern, Ziegen, Federvieh und allerhand Lebensmitteln, die sie hier um einen leichten Preiß haben können; oder sie laden hier Salz. Damit handeln verschiedene Fregatten von 100 bis 200 Tonnen, die den Einwohnern von *Guaqaquil* zugehören. Und weil sie das Salz um einen mäßigen Preiß einkaufen; so gewinnen sie viel dabey. Die Salzgruben, aus welchen dieses Salz kommt, befinden sich in dem Hafen an der Landspitze. Sie sind so ergiebig, daß die ganze Landschaft *Quito,* und das *Corregimient. Guagaquil* daher mit Salz versehen werden kan. Es ist etwas schwärzlich, aber sehr schwer, und gut zu Einsalzung solcher Sachen, die man aufbehalten will.

Das Vorzüglichste aber in dieser Statthalterschaft ist der feinste Purpur, welcher auf den Küsten derselben gefunden wird, welchen die Alten so hoch geschätzet haben, und welcher nachgehends in Vergessenheit gerathen, oder von vielen Neuern vor verlohren gehalten worden ist, weil man das Thier nicht kannte, von welchem er kommt. Diese Thiere stecken in Schneckenhäusern, die den gemeinen Schneckenhäusern gleich kommen, und an den Klippen wachsen, an welche die See spült. Die Häuser sind ohngefehr so groß wie welsche Nüsse, oder etwas grösser. Diese Thiere haben einen Saft, der eine Feuchtigkeit in sich

ſich hat, welcher herausgezogen wird, und der wahrhafte Purpur iſt. Allem Anſehen nach, dient dieſe Feuchtigkeit dem Thiere ſtatt des Blutes. Man färbt damit die baumwollenen Fäden oder andere zarte Dinge. Dieſes giebt eine ſo lebhafte und dauerhafte Farbe, daß ſie weder durch das öftere Waſchen ihren Glanz verliert, ſondern vielmehr noch feiner wird, noch auch durch den langen Gebrauch vergeht oder verdunkelt wird. Man braucht hernach ſolche gefärbte Fäden zu Bändern, Spitzen und andern Putze, worauf allerhand künſtlich genehet oder geſtickt wird. Alle ſolche Sachen werden wegen der ſeltnen und ſchönen Farbe ſehr hoch geachtet. Eine beſondere Eigenſchaft iſt noch dabey zu bemerken, daß nämlich die damit gefärbte Baumwolle zu verſchiedenen Stunden des Tages auch ein verſchiedenes Gewicht, und verſchiedene Farben hat. Diejenigen, welche damit handeln, ſetzen daher allemal als einen nothwendigen Umſtand, um ſich vor Betruge zu verwahren, die Stunde feſt, wenn die Purpurfäden gewogen und ausgeliefert werden ſollen; denn der Käufer und Verkäufer wiſſen ſchon die Stunden, wenn der Purpur am ſchwerſten wiegt, oder am leichteſten iſt. Die Urſache aber, warum dieſelbe ſo koſtbar und ſelten iſt, iſt dieſe, daß man eine ziemliche Anzahl ſolcher Schnecken nöthig hat, um nur einige Unzen Fäden zu färben.

Dieſer Bezirk hat auch einen groſſen Uiberfluß an Früchten, Rindvieh, Mauleſeln, Wachſe und Fiſchen. Daher iſt auch derſelbe ſehr volkreich. Die Anzahl der Flecken und bewohnten Plätze iſt zwar nicht gros, ſie haben aber viel Einwohner, wenn man ſie mit den Flecken des vorhergehenden Corregiments vergleicht.

3. Die Statthalterſchaft *Puna*.

Es iſt eine Inſel, die gleichen Nahmen führt, und ungefehr in der Mitte des Meerbuſens liegt, den die Mündung des Fluſſes *Guagaquil* bildet. Ihre Länge von Nordoſten nach Südweſten beträgt 6 bis 7 Meilen, und ſtellet ſie beynahe ein länglicht Viereck vor. Ehedem ſoll ſie ſo ſtark bewohnt geweſen ſeyn, daß ſich die Anzahl der Einwohner auf 12 bis 14000 Perſonen erſtrecket hat. Jetzo aber iſt nur ein kleiner und ſchwach bewohnter Flecken auf der nordoſtlichen Seite übrig geblieben, wo ihr Hafen iſt. Der Statthalter und der Pfarrer haben hier ihre Wohnung, weil dieſer Flecken nicht nur das Haupt der übrigen iſt, ſondern auch, weil die groſſen Fahrzeuge, wegen der Bequemlichkeit des Hafens, hier ihre Ladung einnehmen, welches sie wegen einiger Sandbänke in *Guáaquil* nicht thun können. Andere Fahrzeuge versehen sich hier mit Holze. Unter diese Statthalterschaft gehöret der Flecken *Machala*, auf der Küste *Tumbez*, wo man den auserlesensten Cacao in dem ganzen Corregimiente *Guagaquil* findet.

Der Flecken *el Naranjal*, wo eine Schiffslände am Flusse gleiches Nahmens ist, der auch den Nahmen *Suga* führet, und worauf man nach den Bezirken *Cuenca* und *Aleusi* auf dem Gebirge kommen kan. Beyde diese Flecken sind eben so schwach bewohnt, als der auf der Insel.

4. Die Statthalterschaft *Yaguache*.

Sie liegt an dem Ufer gleiches Nahmens, der sich gegen Süden in dem Fluß *Guáaquil* ergießt. Sie nimmt ihren Anfang an dem Gebirge auf der südlichen Seite des Flusses *Bomba*. Unter ihre Gerichtsbarkeit gehören 3 Flecken. Der vornehmste darunter ist:

San Jacinto de Yaguache, wo das königliche Zollamt, und ein Pfarrer ist.

Das vornehmste, was dieser Bezirk hervorbringt, besteht in Holze. Es wächst hier nur etwas weniges Cacao. Hingegen findet man viel Baumwolle und Vieh, und daraus besteht das Vermögen der Einwohner auf dem Lande.

5. Die Statthalterschaft *Babahoyo*.

Dieser Nahme ist in den dasigen Ländern allenthalben bekannt, weil sich hier das vornehmste königliche Zollamt befindet, und wodurch alles muß, was nach oder von dem Gebirge gebracht wird. Ihre Gerichtsbarkeit erstreckt sich sehr weit.

Babahoyo ist der Hauptflecken derselben. Es kommt hier beständig viel Volk zusammen, sowol von denen, welche Handlung treiben, und mit ihren Waaren von einem Orte zum andern durchgehen; als auch von denen, welche sich hier aufhalten und wohnen. Im Winter ist dieser Ort, wegen der Uiberschwemmung des ganzen Landes, unbewohnt.

Der *Cacao* wächst hier so häufig, und die Bäume erstrecken sich so weit, daß man ihn gar nicht achtet, und die Früchte davon den Affen oder andern solchen Thieren überläßt, welche dasjenige allein einsammlen,

sammlen, was die Fruchtbarkeit der Erde ohne Wartung von sich selbst hervorbringt. Hier wird auch viel Baumwolle erbauet, ingleichen Reis, *Aji*, (eine Art Pfeffer,) und Obst. Man findet auch viele grosse Heerden von Rindvieh, Pferden und Mauleseln.

6. Die Statthalterschaft *Baba*.

Diese hat unter allen Statthalterschaften dieses Corregimients einen von den größten Bezirken. Er erstreckt sich bis an die *Cordillera*, oder des Gebirges *Angamarca*, welches zu dem Corregimiente *Latacunja* gehört.

Baba ist der Hauptflecken derselben, wo der Statthalter des Corregidors wohnet. Sonst lief das Wasser des Flusses gleiches Nahmens, unmittelbar vor diesem Flecken vorbey. Da aber *Don Vinces* eine Wasserleitung graben ließ, um die Cacaobäume auf seinen Gütern zu wässern; so fand der Fluß diesen neuen Weg leichter als den alten, und strömte so stark hieher, daß es nicht möglich war, ihn wieder in seinen vorigen Gang zu bringen. Der Fluß lauft also jetzo in einer ziemlichen Entfernung von dem Orte, wo er zuvor strömte. Die Flecken, die dazu gehören, sind *Sau Lorenzo* und *el Palenque*. Sie liegen sehr weit von dem Hauptflecken, und die Indianer, welche sie bewohnen, sind ziemlich rohe Leute.

7. Die Statthalterschaft *Daule*.

Der Hauptflecken derselben, gleiches Nahmens, ist groß, und liegt an dem Flusse, der eben diesen Nahmen führt. Er hat sehr viel geraume Häuser, welche den Einwohnern in *Guagaquil* zugehören. Hier wohnt der Statthalter und ein Pfarrer; und unter denselben stehen die beeden Flecken *Santa Lucia* und *Valsar*. Es wird hier herum viel Toback, Zuckerrohr und Cacao gebauet.

Der Fluß *Daule* ist ziemlich groß, und ergießt sich in die *Guagaquil*. Es wird von da starke Handlung mit der Stadt *Guagaquil* getrieben.

Allen diesen will ich noch eine kurze Beschreibung des Flusses *Guagaquil* beyfügen.

Die Länge dieses Flusses, so weit er schiffbar ist, nämlich von der Stadt *Guagaquil*, bis an das Zollhaus *Babahogo*, wo die Schiffslände ist, rechnet man nach seinen Krümmen oder Wendungen. Da sein Lauf ganz schlangenförmig ist, so rechnet man bis an das gedachte Zollhaus 20 solche Wendungen; bis an den *Caracol* aber, wo die Schiffe im Winter anländen, 24. Die längsten sind die 3 Wendungen, welche der Stadt am nächsten sind, und ungefehr 2¼ Seemeilen lang seyn mögen; die Länge der übrigen beträgt ungefehr eine Meile, daß also die ganze Länge des Flusses bis nach *Babahogo* 24¼, und bis an den *Caracol* 28½ Meilen betragen mag. An der Mündung, bey der grünen Insel, ist er ungefehr 1 Meile breit. Eben so weit, oder noch etwas mehr, ist er auch bey der Stadt *Guagaquil*. Von da hinaufwärts wird er immer schmäler, und macht noch ausser dem Hauptkanale verschiedene Aerme oder *Esteros*. Einer davon befindet sich bey der Schiffslände vor der Stadt, und führt den Nahmen *Estero de Santay*. Der andere ist nicht weit von dem Zollhause *Babahogo* entfernt, und wird *Estero de Lagastos* genennt. Dieses sind die merkwürdigsten wegen ihrer Grösse, und weil sie zugleich durch ihre Entfernung grosse Inseln bilden. Im Sommer erstreckt sich in demselben die Fluth bis an das Zollhaus *Babahogo*, und der Fluß sowol als seine Arme sind sehr fischreich, besonders aber giebt es viele Cogmanen oder Eyderen, wie man sie hier nennt, in demselben, welche den übrigen Fischen, auch Menschen und Thieren sehr nachstellen.

So viel von dem weitläuftigen Corregimiente *Guagaquil*. Nun folgt

Das Corregimient *Cuenca*.

Es liegt auf der südlichen Seite des Corregimients *Riobamba*, und hat zwo Abtheilungen; die eine gehört zu der Hauptstadt, und die andere zu dem *Assiento Alausi*, dessen Bezirk an *Riobamba* grenzet. Die Regierung zu *Alausi* verwaltet ein Unterstatthalter, den der Corregidor dahin setzet.

Zu der erstern Abtheilung unter *Cuenca* gehören 10 Hauptflecken; zu der andern aber nur viere. Der Hauptort des ganzen Corregimients ist

Cuenca, eine Stadt vom ersten Range, zu welcher im Jahr 1557 der Grund geleget worden. Sie liegt im 2 Grad 53 Min. 49 Sec. der südlichen Breite, und 29 Min. 25 Sec. gegen Westen von *Quito*, auf einer sehr weiten Ebene. Auf der nördlichen Seite dieser Stadt, über eine halbe Meile von derselben, strömt ein Fluß mit Nahmen *Machangara*;

ehangara; auf der südlichen Seite aber, hart an der Stadt, ein anderer, nämlich *Matadero*. Etwas weiter hinaufwärts, etwan ¼ Meile von der Stadt, ist der dritte Fluß, *Yanuncay*, und endlich in gleicher Entfernung von diesem der vierdte, mit Nahmen *los Banjos*. Einige Meilen von der Stadt vereinigen sich diese Flüsse, und machen einen starken Strom aus. Die Gassen der Stadt sind gerade und zulänglich breit. Die Häuser sind aus ungebrannten Ziegeln aufgeführt, mit Dachziegeln gedeckt, und größtentheils 2 Stockwerk hoch. Mitten durch die Stadt fliessen verschiedene Bäche, welche von den vorhin gemeldeten Flüssen abgeleitet sind. Man wird in Perü wenig Städte finden, die eine so gute Lage und so viel Bequemlichkeit haben; allein die Nachläßigkeit der Einwohner vernichtet so besondere Vorzüge. Die Stadt hat 3 Kirchspiele und verschiedene Mönchs- und Nonnenklöster. Die Stadtobrigkeit besteht aus Regidoren und ordentlichen Alcalden, welche, wie gewöhnlich, alle Jahre erwehlet werden. Den Vorsitz hat der *Corregidor*. Die Einwohner sind sehr träge, und haben einen Ekel und Abscheu vor allen Arten von Arbeit. Das gemeine Volk ist zänkisch, rachsichtig und tückisch. Nur die Weiber sind fleißig und arbeitsam, welche hier auch die ganze Handlung treiben. Man rechnet die Anzahl der Einwohner auf 25 bis 30000 Seelen. Die Luft und Witterung ist hier sehr gelinde, die Kälte ist gar nicht sehr empfindlich, und die Hitze fällt niemals beschwerlich.

Der *Assiento Alausi*, als der Hauptort in der andern Abtheilung, hat nicht viel Einwohner, doch befinden sich darunter einige vornehme Geschlechter.

Unter den vielen und verschiedenen Berggärten, womit der Bezirk von *Cuenca* gesegnet ist, sind die Gold- und Silberadern nicht die geringsten, von welchen aber weiter unten gehandelt werden soll.

Das Corregimient *Loja* oder *Loxa*.

Dieses ist das letzte unter denen, welche zu der *Audiencia Quito* gehören. Die Witterung ist hier etwas wärmer als in *Cuenca*, sonst aber nicht sehr unterschieden. Es gehören unter ihre Gerichtsbarkeit 14 Flecken.

Loja oder *Loxa*, der Hauptort darinne, und eine Stadt vom ersten Range, welche im Jahr 1546 erbauet worden. Sie ist in Ansehung ihrer Größe, Gebäude und Einrichtung nicht sonderlich von

Cuenca unterschieden. Man findet in derselben, auſſer der Hauptkirche, noch eine Pfarrkirche, ein Mönchs- und ein Nonnenkloster, ein Jesuitercollegium und ein Hospital. Die Anzahl der Einwohner möchte sich wohl jetzo nicht viel über 10000 Seelen erstrecken, ob sie gleich ehemals viel gröſſer gewesen. Man wirket hier sehr vortrefliche Teppiche. Mit der Würde eines Corregidors zu *Loja*, ist allemal auch der Nahme eines Statthalters zu *Paguarsongo* und eines *Alkalde Mayor* der Bergwerke zu *Zarúma* verbunden.

Die kleine Stadt *Zarúma*, unter deren Gerichtsbarkeit die Goldbergwerke gehören, ist eine von den ersten Städten, die in dieser Provinz erbauet worden, und gehörte sonst mit unter die reichsten Plätze. Jetzo aber ist es sehr arm, und die Anzahl der Einwohner beläuft sich nicht über 6000 Seelen. Die vornehmste Ursache hiervon ist der Verfall der Bergwerke, nicht sowohl wegen Mangel des Erzes, als vielmehr, weil man den Bau derselben bisher schlecht besorget hat.

Zum Beschluß dieses Capitels, will ich nur noch von zwey Stücken einige Erwähnung thun, erstlich von der Beschaffenheit der Landeseingebohrnen der Provinz *Quito*; zum andern, von den häuſigen Gold- und Silbergwerken in dieser Provinz. Beydes soll so kurz als möglich geschehen.

Die Indianer in *Quito* sind so geartet, daß man wegen ihrer Gleichgültigkeit in allen Dingen sagen könte, daß sie so glückſelig wären als diejenigen, von denen man dichtet, daß sie in den goldnen Zeiten gelebt hätten. Ihre Gemüthsruhe wird durch keinen widrigen Zufall gestöhrt; und sie werden durch das Glück gar nicht gerührt, welches ihnen nach ihren Umständen begegnen kan. In ihrer schlechten und armseligen Kleidung leben sie so vergnügt, als ein Fürst oder groſſer Herr. Sie verlangen nicht nur keine artigen Kleider, die ihnen etwan zu Gesichte kommen; sondern sie suchen auch ihre armseſige Kleidung nicht zu verbessern. Reichthum wird von ihnen nicht weniger verachtet; und nach ansehnlichen Aemtern und Ehrenstellen streben sie so wenig, daß ein Indianer mit einerley Gesichtsbildung die Bedienung eines Alcalden und das Amt eines Henkers übernehmen wird, wenn ihm eins von beyden zugetheilet werden solte. Es wird auch unter ihnen selbst keiner mehr geehret oder verachtet, als der andere. Auf gleiche Weise verlangen sie nichts mehr zu essen, als womit sie sich sättigen können. In ihrer Gemüthsverfassung können sie durch nichts gestört

oder

oder zum Wanken gebracht werden. Der Eigennutz hat über sie so geringe Gewalt, daß sie sich dadurch am allerwenigsten bewegen lassen. Man kan manchmal einen kleinen Dienst von ihnen nicht erlangen, ob man ihnen schon eine grosse Belohnung vorlegt. Die Furcht rühret sie nicht; die Ehrerbietung reitzt sie nicht; Strafen und Züchtigungen zwingen sie nicht, mit einem Worte, ihre Gemüthsart ist recht sonderbar. Dabey sind sie von einer unachtsamen Offenherzigkeit und Sorglosigkeit, wodurch die Sorgfalt und Bemühung der Wachsamsten unnütze gemacht wird. Von Natur sind sie alle sehr langsam, und können ausserordentlich lange mit einer Arbeit zubringen. Wenn sie Teppiche, Bettvorhänge, Bettdecken und dergleichen wirken oder weben wollen; so nehmen sie sich bey jeglichen Eintrage oder Faden die Mühe, daß sie die Faden einzeln nehmen, sie allemal zählen, und hernach den Eintrag durchschiesen. Also bringen sie mit einem solchen Stücke wohl 2 und noch mehrere Jahre zu, nachdem es gros ist, und nachdem wenige oder viele daran arbeiten. Mit dieser Langsamkeit ist eine so grose Faulheit und Trägheit unzertrennlich verbunden, daß weder ihre eigne Bequemlichkeit, noch ihre Pflicht, die Geschäfte ihrer Herrn auszurichten, sie zur Arbeit ermuntern kan.

Der Trunkenheit sind sie dermassen ergeben, daß auch die Grossen, als der *Cazike* und der Richter oder *Alcalde*, von diesen Fehler nicht befreyet bleiben. Bey einem Schmause oder andern Lustbarkeit, kommen sie alle gleich stark, bis ihre Vernunft, durch die Dienste der *Chicha* besiegt worden ist. Dabey ist aber merkwürdig, daß sowohl die Ledigen als verheligten Weibespersonen, und die noch unverheligten Mannespersonen von diesen Laster frey sind, denn nur die Hausväter haben die Macht, sich übermäsig zu betrinken. Ihre Wohnungen sind so klein und armselig, als man sichs nur vorstellen kan. Sie bestehen blos in einer kleinen Hütte, und mitten in denselben wird ein Feuer angezündet. Hier wohnen nicht nur die Menschen, sondern auch die Thiere, welche sie halten; nämlich Hunde, die sie sehr lieben, so, daß sie deren gemeiniglich 3 bis 4 haben; ferner etwan ein Schwein, Hüner und *Cayes*, darinne bestehen ihre gröβten Reichthümer und ihr vornehmster Hausrath, ausser einigen irdenen Gefäsen und Flaschen. Vor dem Tode haben sie wenig Furcht, und die Annäherung desselben bringt bey ihnen keine Veränderung hervor. Daher zeigen sie auch eine besondere Herzhaftigkeit sowohl in Kriege, als bey ihren Stier und

Bären-

Bärenjagden. Von Natur sind sie stark und gesund, nur die Kinderpocken, ingleichen das Thalübel und Fleckfieber räumen bisweilen ziemlich unter ihnen auf. Die meiste Beschäftigung derselben, bestehet in einiger Arbeit in Fabricken, oder auf den Landgütern, wo Viehheerden oder Schäferyen sind. So viel mag von ihnen genung seyn, ungeachtet noch viel merkwürdiges von ihnen zu sagen wäre. Nunmehro will ich etwas von den Gold- und Silberwercken sagen:

Nirgend sind wohl dergleichen Bergwercke häufiger, als in dieser Provinz *Quito*; nur schade, daß diese Reichthümer hier gleich todt liegen, da es noch nicht volkreich genug ist, um dieselben gehörig zu besorgen. Daher komt es, daß sich das Land nicht so hervorthun kan, wie andere peruanische Provinzen, wo das Silber unter den Leuten häufig herum gehet, und ihnen Ansehen und Bequemlichkeit verschaffet.

In den alten Zeiten arbeitete man in einigen Bergwercken der Provinz *Quito*, wo solches jetzo nicht geschicht, und man findet noch jetzo Denkmale von den Reichtümern, die daraus geholet wurden. Nachgehends gingen auch die reichen Bergwercke in dem Bezirke von *Mæcas* durch die Empörung der Indianer verlohren, und man war nicht bemüht, sie wiederherzustellen. Mit der Zeit verlosch so gar das Andenken der Orte, wo sich diese Bergwercke eigentlich befunden haben. Die Bergwercke vom *Zaruma* geriethen nach und nach in Verfall, weil man hier die Kunst, die Metalle zu nutzen, vergas, indem sich niemand darauf legte. Auf gleiche Weise gingen sie in der ganzen Provinz ein. Man findet also hier nicht so viel Gold und Silber, als ordentlich in andern südlichen Provinzen. Von allen in dieser Provinz ehemals so gemeinen Schätzen, haben nur diejenigen keinen Verfall erlitten, welche in der Statthalterschaft *Popayan* gefunden werden, und von welchen ich schon umständlich oben geredet habe. Von denjenigen, die in *Quito* selbst noch übrig sind, hat man folgende Nachrichten: In den Bezirk der kleinen Stadt *Zaruma* findet man noch verschiedene Goldbergwerke. Der Gehalt dieses Goldes ist zwar nicht über 18 Karath, manchmal auch nur 16, hingegen wird es so häufig gefunden, daß es, ungeachtet es erstlich so lang geläutert werden muß, bis es 20 Karath hält, doch den Bergleuten mehr Vortheil bringt, als das Gold in andern Bergwerken, wo es schon an sich so viel hält. Sonst fanden sich viel Gänge und Abern, worinne man arbeitete: die Einwohner sind aber so nachlässig geworden, daß man jetzo sehr wenige

findet,

findet, worinne gearbeitet wird. Das Metall wird aus den Erzen durch Queckſilber herausgebracht, denn man findet hier keine Goldkörner, ſondern lauter Stufen, wo das Metall zwiſchen den Saalbändern eingeſchloſſen iſt. Die Goldbergwerke in der Statthalterſchaft *Jaen de Bracamoros* haben mit den zu *Zaruma* ein gleiches Schickſal. Vor ungefehr 80 oder 100 Jahren ward viel daraus genommen, ſie ſind aber gänzlich in Vergeſſenheit gerathen, ſeit dem ſich die Indianer in den daſigen Gegenden, nach dem Beyſpiele der Indianer in *Macas* empöret haben; man iſt auch niemals bemüht geweſen, ſie wieder aufzuſuchen und zu nutzen. Die Indianer aber holen noch immer etwas weniges daraus, wenn die Noth ſie dazu antreibt, und ſie ihre Abgaben ſonſt nicht bezahlen können. Alsdenn gehen ſie an einen Bach oder Fluß, warten auf die Fluth, waſchen den Sand, worunter Gold vermiſcht iſt, und nehmen ſo viel, als ſie nothwendig haben müſſen; alsdenn hören ſie auf, ohne ſich um mehreres zu bemühen. Ein gleiches iſt von mehrern Bergwerken anzumerken, die man in dieſer Provinz entdeckt gehabt hat. Man findet auch eins in dem Bezirke des *Aſſiento Latacunga*, aus welchen viel Gold geholet worden, bis endlich der Zugang deſſelben durch den Einfall eines groſſen Stück Berges verſchüttet ward. Im Jahr 1743 entdeckte man wiederum einen Theil deſſelben, daß man alſo die Arbeit hier wieder fortſetzet.

Eigentlich findet man zwar in dieſer Provinz *Quito* lauter Golderzt; indeſſen trift man doch auch häufige, und ziemlich reiche Silberadern an. Sonderlich hat man in neuern Zeiten in einigen, obwol mit ſchlechten Fortgange, gearbeitet. Hierunter gehört das ſogenannte *Guacoga*, in dem Bezirke von *Zicchos*, an den Grenzen von *Latacunga*; und ein andres Silberbergwerk, ungefehr 2 Meilen weit von dem vorigen. Man hat in beyden einige Zeitlang gearbeitet, iſt aber niemals über die Oberfläche der Erde hinunter gekommen, weil diejenigen, welche dieſelben zu beſorgen hatten, nicht ſelbſt Vermögen genug dazu beſaſſen; andre aber ſie hierinne nicht unterſtützen wolten. Das berühmteſte in dieſem Bezirke, befindet ſich ungefehr 18 Meilen weit von gedachtem Flecken *Zicchos*, und wird *Sarapallo* genannt. Man hat auch einige Zeit darinne gearbeitet, iſt aber nachgehends genöthiget worden, damit aufzuhören, weil es an den nöthigen Mitteln dazu fehlte.

In den übrigen Corregimientern findet man nicht weniger als in Latacunga Spuren von reichhaltigen Erzen, ob man gleich nicht so viel Bergwerke daselbst entdecket hat. In Quito ist der Berg Richincha deswegen berufen, und einige Goldkörner, die man daselbst findet, wenn man den Sand aus den da herunter fliessenden Bächen wäscht, sind ein zureichender Beweis hiervon. Ausser diesem Berge findet man auf der ganzen dasigen Cordillera, wie auch auf der Ostseite von Guamani, und an verschiedenen andern Orten, Spuren, daß daselbst reichhaltige Erze enthalten seyn müssen. Wenn man auf die Bezirke von Otabalo und der kleinen Stadt San Miguel de Ibarra fortgeht, so findet man gleich Anfangs in dem Gebiete, das zu dem Flecken Cayambe gehört, zwischen den Cordilleras des beschneiten Berges Cayambaro, alte Spuren und Nachrichten, daß hier sehr reiche Bergwerke gewesen sind, worinne im Heidenthume gearbeitet worden, und daß man daraus viel Metall bekommen hat. In der Gegend des Fleckens Mira, in dem Bezirk von San Miguel de Ibarra, findet man einen Berg mit Nahmen Pachon, der deswegen um so vielmehr bekannt ist, weil ein gewisser Einwohner in gedachten Flecken, vor wenig Jahren grosse Reichthümer daraus geholet hat. Jetzo aber wird an keinen von diesen Orten mehr gearbeitet.

Die ganze Landschaft Pallactanga, in dem Bezirk der kleinen Stadt Riobamba, besteht aus Silber- und Goldbergwerken; und in diesem ganzen Corregimiente findet man eine solche Menge davon, daß eine gewisse Person in Riobamba für sich allein 18 besondere Silber- und Goldadern, oder grosse und reichhaltige Kuxe hatte, die in den königlichen Cassen zu Quito auf ihre Rechnung geschrieben waren. Uiberhaupt sind die Erze hier besonders reichhaltig. Man findet Erze, wovon jeglicher Caxon, oder eine jegliche Küste, die aus 50 Quintalen oder Centnern besteht, 80 Mark Silber gehalten habe. Dieses ist so ausserordentlich, als man sich nur einbilden kan: denn ordentlich wird schon dasjenige Erzt vor reichhaltig gehalten, wovon die Küste 8 bis 10 Mark Silber hält, welches von den Bergwerken in Potosi und Lipes gilt. Man findet auch viel andere Bergwerke an verschiedenen Orten, wo die Küste, nachdem das Metall aus dem Erzte gezogen worden, nur 6, 5 auch manchmal nur 3 Mark Silber giebt; man kan sie also nur deswegen nutzen, weil sie sich an bequemen Orten finden, wo die Lebensmittel wohlfeil sind und im Uiberflusse gefunden werden; und

wo

wo man viel Volk antrift, welches für ein geringes Tagelohn in den Bergwerken arbeitet.

Das ganze Land ist also mit Bergwerken so reichlich versehen, daß, wenn die Einwohner recht geneigt wären, sie zu nutzen, die vielen und grossen Reichthümer, womit die südlichen peruanischen Provinzen so häufig prangen, dagegen gar nichts zu sagen haben würden. Die vornehmste Ursache, warum dieselben hier so sehr verabsäumt werden, ist der grosse Uiberfluß an Lebensmitteln, und daß dieselben in diesem Lande so wohlfeil sind. Die Einwohner sind damit zufrieden, daß sie ihren Unterhalt mit leichter Mühe haben können, und sind also nicht begierig, die in dem Schoosse der Erden verborgene Reichthümer herauszusuchen. Hierzu kommt noch dieses, daß die Einwohner in der Einbildung stehen, durch den Bergbau würde das Vermögen eines Mannes verzehrt, daher sie denjenigen, der Bergwerke bauet, vor einen Wahnwitzigen ansehen, der sein Verderben suchet. Sie bemühen sich, ihm solche Gedanken aus dem Kopfe zu bringen; oder wenn sie dieses nicht erlangen können; so haben sie wenigstens keinen Umgang mit ihm, und hüten sich, daß er sie nicht mit seinen Einbildungen anstecken möge. Mit einem Worte, alle Einwohner sehen den Bergbau mit Widerwillen an, weil sie ihn nicht brauchen.

In den Statthalterschaften *Quixos* und *Macas*, ingleichen *Jaen Maynas* und *Atacames* findet man auch reichhaltige Erze. In den letztern sind vornemlich die Ufer der Flüsse *Santjago* und *Mira* mit Goldadern angefüllt; weil sich aber noch niemand bemühet hat, die Hauptadern zu entdecken; so wird auch nicht ordentlich hier gearbeitet.

Was von den Gold- und Silberbergwerken in der Provinz *Quito* gesagt worden ist, gilt auch von andern Metallen und Edelgesteinen. Man findet dergleichen häufig, sie werden aber von den Einwohnern nicht geachtet. Darunter ist nun das vornehmste das Queckfilber, welches vornemlich zur Läuterung des Goldes und Silbers gebraucht wird, und ohne welches das Land nicht vollkommen reich wäre. Man findet dergleichen Queckfilberadern auf der südlichen Seite der ganzen Provinz, nicht weit von den Flecken *Azogues*, im Corregimiente *Cuenca*. Ehemals wurde es wegen der Gold- und Silberbergwerke hier gegraben; nachgehends aber deswegen verboten, damit in dem ganzen Lande nur die Queckfilbergruben zu *Guano Belica*, eine Statthalterschaft

schaft in Peru, in Schwange bleiben möchten, und damit solchergestalt der Betrug vermieden werden möchte, der bey der Abgabe des fünften Theils vorgegangen war, indem man mit dem Queckfilber Unterschleif trieb, und diejenigen Bergwerke damit versah, welche das Queckfilber von den königlichen Caffen, wozu sie gehörten, oder von dem vornehm-sten *Affiento*, nehmen solten. Das hat aber auch zugleich verursacht, daß der Bau der Silberbergwerke in der ganzen Provinz *Quito* so gefallen ist.

Man findet auch Eisenbergwerke daselbst, wenigstens soll nach dem Ausspruche dasiger Naturkundiger, das ganze Gebiete, worauf die Stadt *Cuenca* liegt, aus dergleichen bestehen. Man findet auch wirk-lich in den Thälern, bey einigen Abstürzen der Berge, Adern davon. Vielleicht fände man auch Kupfer-Zinn- und Bleyadern, wann sich die Einwohner darauf befleißigen wolten.

So findet man auch einige Arten Edelgesteine und andere Steine in dieser Provinz. Ehedem waren vornemlich die Schmaragdengru-ben berühmt, welche sich auf der Küste von *Manta* und in der Statt-halterschaft *Atacames* befanden. Sie übertreffen diejenigen, welche man in der Landschaft *Santa Fe* findet, sowol in der Härte und Güte, als auch in der Grösse und Schönheit. Viele davon wurden Anfangs von den Spaniern in Stücken geschlagen, weil sie sich irrig einbildeten, wenn es Edelgesteine wären, so könten sie durch keinen Hammer und Ambos zerschmissen werden. Man hat aber diese Gruben noch nicht wieder fin-den können, ohne Zweifel deswegen, weil man nicht Fleiß genug darauf gewendet hat. Die Landschaft *Cuenca* hat nicht weniger dergleichen vortrefliche Gruben; dem ohngeachtet sind sie nicht glücklicher als die vorigen, da man nur einige Spuren davon findet, daß sie vorhanden sind. Alles was man noch antrift, besteht in kleinen Stückgen von einem Rubine, der nach dem Urtheile der Kenner sehr fein ist. Man findet dergleichen unter dem Sande eines mittelmäßigen aber schnellen Flusses, der nicht weit von dem Flecken *Azogues* fließt. Die India-ner und übrige Einwohner pflegen manchmal dergleichen heraus zu su-chen, und finden bald kleine bald grosse Steine, wie Linsen oder noch et-was grösser. Ohne Zweifel sind dieses solche Stücken, welche das Wasser da, wo solche Steine wachsen, nach und nach abbricht. Die Einwohner haben aber niemals die eigentlichen Gruben zu entdecken, oder ordentlich darinne zu arbeiten gesucht.

Eine

Eine andere Art von Steinen wird in dieser Landschaft häufig gefunden, aber eben so wenig geachtet als die vorigen. Die Farbe ist grünlich oder dunkelgrün. Sie sind härter als Alabaster und nicht durchsichtig. Man findet einige wenige Gefässe, die daraus verfertiget worden sind.

Auf der südlichen Seite von *Cuenca,* auf der Ebene *Talqui,* werden sehr grosse und schöne Stücke von weissen und durchsichtigen Alabaster gegraben. Er hat weiter keinen Mangel, als daß er etwas weich ist, doch kan man daraus allerhand Sachen verfertigen; denn eben deswegen, weil er so weich ist, kan man ihn vollkommener ausarbeiten, ohne in Gefahr zu laufen, daß viele Stücken abspringen, und die Sache verunstalten werden. Man weis von keinen andern Alabastergruben, ausser von denjenigen die sich in dieser Gegend befinden. So findet man auch an vielen Orten Bergcristal in grossen Stücken, sehr helle, rein, durchsichtig und hart. Die Steine werden aber hier zu nichts gebraucht.

Ich übergehe andre Arten von kostbaren und nützlichen Steinen, und wende mich vielmehr nunmehro zu dem Königreiche Peru und den dazu gehörigen Landschaften.

Cap. II.
Von dem Königreiche Peru.

Das Gebiete des Unterköniges von Peru, erstreckt sich auf die weiten Landschaften, welche zu den Audiencien in *Lima, los Charcas* und *Chile* gehören. Hierunter begreift man auch die Statthalterschaften, *Santa Crux de la Sierra, Paraguay, Tacaman* und *Buenos Ayres.* Doch haben die 3 letztern Provinzen, und das Königreich *Chile,* ihre eigene Statthalter, die alle einer ihrer Würde gemäße Gewalt besitzen. Als solche sind sie in demjenigen, was das Policeywesen, die bürgerliche Regierung und die Kriegssachen betrifft, uneingeschränkt; allein sie müssen doch in einigen Dingen dem Unterkönig vor ihren Oberherrn erkennen. Also kan dieser nach dem Tode des Statthalters, oder in andern gleich wichtigen Fällen, eine Person ernennen, die indessen die Stelle bekleidet, bis sie völlig besetzt wird. Seit dem Jahr 1739 hat Peru gegen Norden das Corregimient

Piara

Piara zur Grenze, welches an die Corregimiente *Guagaquil* und *Loxa* stößt; hernach das Corregiment *Chachapogas*, welches an die Statthalterschaft *Jaen de Braekmoros* liegt. Also fängt sich das Gebiete des Unterkönigs von Peru bey dem Meerbusen von *Guagaquil* auf der Küste von *Tambez* im 3 Grad 55 Min. der südlichen Breite an, und erstreckt sich bis an die magellanische Länder, ungefehr im 54 Grad eben dieser Breite. Dieses beträgt 1012 Seemeilen. Gegen Osten stößt es theils an Brasilien, theils an die Nordsee; gegen Westen aber an die Südsee. Wir wollen das ganze Gebiete in Audiencien eintheilen, woraus es besteht; diese hernach in die Bißthümer, welche darinne enthalten sind, und endlich ein jegliches Bißthum oder Erzbißthum in seine Corregimiente.

Das ganze Königreich besteht, wie schon gesagt, aus den 3 Audiencien, *Lima*, *los Charcas* und *Chile*. In diesem Capitel wollen wir nur die beyden erstern durchgehen, der letztern aber ein eignes Capitel geben.

Von der *Audiencia Lima*.

Die *Audiencia* ist schon im Jahr 1542 errichtet worden, hat aber vor dem Jahre 1544 noch nicht ihren beständigen Aufenthalt in dieser Stadt gehabt. Es gehören darunter ein Erzbißthum und vier Bißthümer, nämlich:

Das Erzbißthum *Lima*.
Das Bißthum *Truxillo*.
Das Bißthum *Guamanga*.
Das Bißthum *Cuzco* und
Das Bißthum *Arequipa*.

Das Erzbißthum *Lima*.

Zu dem Sprengel dieses Erzbißthums gehören 15 Corregimiente, oder Provinzen. Wir wollen dieselbe nach ihrer Lage hersetzen, mit denjenigen den Anfang machen, welche der Hauptstadt am nächsten liegen, und hernach immer auf weit entfernte fortgehen. Diese Ordnung soll auch bey den übrigen Bißthümern beobachtet werden. Diese Corregimiente oder Provinzen aber sind folgende:

1) Der

1) Der Bezirk der Stadt Lima selbst.
2) Das Corregimient Chancay.
3) ″ ″ ″ Santa.
4) ″ ″ ″ Canta.
5) ″ ″ ″ Canjete.
6) ″ ″ ″ Ica, Pisco und Nasca.
7) ″ ″ ″ Guarachiri.
8) ″ ″ ″ Guanaco.
9) ″ ″ ″ Yangos.
10) ″ ″ ″ Caxatambo.
11) ″ ″ ″ Tarma.
12) ″ ″ ″ Jauxa.
13) ″ ″ ″ Conchucos.
14) ″ ″ ″ Guaylas.
15) ″ ″ ″ Guamalies.

1) Der Bezirk der Stadt Lima.

In diesem ganzen Bezirke kan ich nichts vortreflichers beschreiben, als die Stadt Lima selbsten, die Königin der Städte in diesen südlichen Ländern. Alles aber was davon gesagt werden kan, ist nicht mehr, sondern seit dem erschrecklichen Erdbeben im Jahr 1746 gänzlich zu Grunde gegangen, daher ich mich auch mehr mit der Lage dieser Stadt und ihrer Handlung und noch einigen andern Stücken beschäftigen werde.

Der Grund zu der Stadt Lima, welche sonst den Namen los Reyes führet, wurde im Jahr 1535 am Tage der Erscheinung Christi von Don Francisco Pizarro gelegt. Sie liegt in einem geraumen und anmuthigen Thale Rimac, welches der eigentliche Nahme nicht nur der Gegend, sondern auch der Stadt ist, die Spanier aber haben Lima daraus gemacht. Die südliche Breite beträgt 12 Jahr 2 Min. 31 Secunden, und die Länge von der Mittagslinie von Teneriffo 299 Grad 27 Min. 7¾ Secunden. Die Lage der Stadt ist eine von den vortheilhaftesten, die man sich nur einbilden kan, denn sie liegt mitten auf dem so geraumen Thale. Gegen Norden stößt, jedoch in einer ziemlichen Entfernung, die Cordillera des Andengebirges daran. Von dieser Cordillera gehen einige mittelmäßige Hügel und Berge bis auf die Ebene fort. Unmittelbar an der Stadt hin, und zwar auf der nordlichen Seite, strömt ein Fluß, der gleichen Nahmen führt. Wenn kein Wasser von dem Gebirge herunter kommt, so kan man zwar leicht-

K lich

lich hindurch waden, wenn er aber anschwillt, so breitet er sich ziemlich stark aus, daher ist eine schöne breite steinerne Brücke darüber erbauet. Die Stadt hat eine dreyeckigte Gestalt. Die untere oder größte Seite geht an dem Ufer des Flusses hin, und ist 1920 Wisen lang, welches gerade ⅔ von einer spanischen Meile, oder 2 Seemeilen ausmacht. Die größte Breite von Norden gegen Süden, nämlich von der Brücke an, bis an den gegen über stehenden Winkel, beträgt 1080 Wisen oder ⅜ einer spanischen Meile. Sie ist um und um mit einer Mauer von gebacknen Steinen umgeben. Diese hat 34 Basteyen, aber keinen Wall und auch kein grobes Geschütze, denn die Stadt solte dadurch nur eingeschlossen und wider irgend einen plötzlichen Einfall der Indianer gesichert werden. So weit sie sich erstreckt, hat sie 7 Thore und 3 Pförtchen, die auf das Feld hinaus gehen.

Auf der andern Seite des Flusses, der Stadt gegen über, findet man eine Vorstadt, mit Nahmen *San Lazaro*, die ebenfals sehr geraum ist, und in wenig Jahren an Grösse zugenommen hat. Alle Strassen, sowol hier, als in der Stadt, sind ziemlich breit, nach der Länge schnur gerade, und einander gleichlaufend, so, daß einige von Norden gegen Süden, andre aber von Osten gegen Westen gehen. Die Gassen sind gepflastert, und es gehen Wasserleitungen hindurch, die etwas weiter oben über der Stadt aus dem Flusse herein geleitet werden. Das meiste Wasser lauft unter den gewölbten Schleusen hin, und es kan, weil es rein bleibt, von den Einwohnern genutzet werden.

Die ganze Stadt wird in 5 Kirchspiele eingetheilet. Diese sind 1) *Sagrario*. 2) zur heiligen Anna, 3) zum heiligen Sebastian, 4) zum heiligen Marcellus, 5) zum heiligen Lozarus. Dieses letzte Kirchspiel erstreckt sich 5 Meilen weit, bis in das Thal *Carabaillo*. Ausser diesen sind noch 2 Unterkirchen; ferner die Capelle der Waisen, der Sacristey, und eine Pfarrkirche für die Indianer.

Mönchsklöster findet man in ziemlicher Menge,
als: Vier Dominicanerklöster.
Drey Franciscanerklöster.
Drey Augustinerklöster.
Drey vom Orden der Barmherzigkeit.
Ein Benedictinerkloster.
Drey Klöster der *Mercenarios*.

Sechs

Sechs Klöster oder *Collegia* der Jesuiten.
Ein Oratorium des heil. Philippi Neri.
Ein Kloster zu unsrer Frauen vom guten Tode, oder des Ordens der Agonizanten.
Ein Kloster zum heil. Franciscus de Paula.
Drey Klöster vom Hospitalerorden.
Neun andere Hospitäler.
Vierzehen Nonnenklöster.
Ein Kloster vom Orden des heil. Johannes de Deo.
Zwey Klöster für Bethlehemiterinnen.
Vier Wohnungen für Beaterien oder andächtige Weibspersonen.
Eine Wohnung für arme Weibspersonen.
Ein Waisenhaus.

Alle diese Klöster, Kirchen und Wohnungen sind meistens von Steinen aufgeführt, und sehr gros und geräumig, der äusserlichen Zierrathen und schönen Bauart nicht zu gedenken. Aus allen diesen kan man einen Schluß auf die Menge und Beschaffenheit der übrigen Gebäude machen. Alle aber sind nicht mehr, sondern durch das schon gedachte Erdbeben untereinander gestürzet worden. Es ereignete sich dasselbe den 28 October im Jahr 1746 Abends um 10½ Uhr, 5¾ Stunden vor Eintritt des vollen Monds. Die Erschütterung fieng sich gleich so heftig an, daß in nicht viel mehr als 3 Minuten fast alle, oder doch die meisten grossen und kleinen Gebäude in der Stadt dadurch umgestürzt wurden. Unter dem Schutte derselben wurden diejenigen Einwohner zugleich mit begraben, welche nicht hurtig genug ihr Leben auf den Gassen und Märkten zu retten suchten. Die erschreckliche Wirkung dieses ersten Erdbebens endigte sich zwar, und die Erde hörte auf, erschüttert zu werden; allein die Ruhe war von kurzer Dauer. Man spürte zum öftern neue Erschütterungen, und die Einwohner zählten in den ersten 24 Stunden, ungefehr 200 solche Stösse und Erschütterungen. Bis den 24. Febr. des folgenden 1747sten Jahres, hatte man schon 451 Erschütterungen gezählt, und einige darunter waren, wo nicht von so langer Dauer, wie die erste, doch von nicht geringerer Gewalt.

Weiter will ich mich mit der Beschreibung dieser gewesenen Stadt nicht aufhalten, denn von dem, was seit dieser Zeit wieder erbauet worden, hat man keine zuverläßige Nachrichten. Ich will vielmehr

noch

noch eins und das andere von der hiesigen Regierung und berühmten Handlung sagen.

Die Unterkönige verwalten die Regierung von gantz Peru, und haben ihren beständigen Aufenthalt zu *Lima*. Die eigentliche Zeit, wie lange diese Unterkönige regieren müssen, beträgt 3 Jahre. Nach Verfliessung derselben wird diese Zeit nach dem Willen und Gutbefinden des Königs in Spanien verlängert. Er hat die höchste Gewalt im gantzen Königreiche, und seine Macht ist so gros, daß die Einwohner eben so viel Vertrauen, und eben so viel Ehrerbietung gegen ihn hegen, als gegen den eigentlichen Landesherrn. In allen Angelegenheiten, welche den Staat, das Kriegswesen, die bürgerlichen und peinlichen Sachen, und die königliche Steuer betreffen, ist seine Macht uneingeschränkt. Er regiert alles, und richtet alles so ein, wie es ihm am bequemsten zu seyn scheinet. Dazu bedient er sich der verschiedenen Gerichte, in denen allen er das Oberhaupt ist. Wenn man dieses ausnimmt, daß der Unterkönig kein unumschränkter Fürst, und nicht der eigentliche Landesherr ist; so muß man bekennen, daß mit dieser Würde die größte Majestät verbunden ist, und alle Gebräuche, die dabey vorkommen, sind seiner Hoheit und dem Nahmen eines Königs gemäß. Zur Bewachung seiner Person, zur Erhaltung des Ansehens seiner Würde, und zum Zeichen der höchsten Gewalt, hält er 2 Compagnien Soldaten. Die eine besteht aus 160 Reutern, einem Hauptmanne und einem Lieutenante. Ihre Montur ist blau mit scharlachrothen Auffschlägen, silbernen Tressen und silbernen Patrontaschen. Die gantze Compagnie besteht aus Spaniern von einem schönen Ansehen; und die Würde eines Hauptmanns bey denselben, wird ungemein gesucht und hoch gehalten. Diese Soldaten besorgen die Hauptwache an dem Thore des Pallasts. Allemal wenn der Unterkönig ausgehet, begleiten ihn 4 Trommelschläger davon, und eben so viel gehen hinter ihm her. Die andere Compagnie besteht aus Hellebardierern. Sie sind 50 Mann stark, und ebenfals lauter Spanier. Ihre Montur ist blau, mit karmesinrothen samtnen Auffschlägen und Westen, und goldnen Gallonen. Sie stehen an der Saalthüre Wache, wo man in den öffentlichen Verhörsaal und das Proviantmagazin gehet. Sie folgen der Person des Unterkönigs allemal, so oft er ausgeht, oder sich in eins von den Gerichten begiebt. Alsdenn bleiben sie stehen, bis er in seinen Pallast zurücke kehrt, und begeben sich hierauf wieder an ihren Posten.

Pfosten. Diese Compagnie hat nur einen Hauptmann, und die Würde desselben ist eine von den vornehmsten. Uiber dieses findet man noch eine andere Wache in dem innern Raume des Pallastes, und diese besteht aus einer Compagnie Fußvolk, welche von der Besatzung des Platzes *Callao* genommen wird. Sie besteht aus 100 Mann, einem Hauptmann, Lieutenant und Unterlieutenant. Sie muß in den Angelegenheiten der Regierung zur Hand seyn, und auf die Ausübung desjenigen sehen, was in den Gerichten beschlossen wird.

Der Unterkönig wohnet nicht nur den öffentlichen Berathschlagungen, den königlichen Steuerversammlungen, und dem Kriegsrathe bey, so oft es nöthig ist; sondern er ertheilet auch täglich allen Sattungen von Leuten öffentlich Gehör. Zu diesem Ende hat er in seinen Pallaste 3 prächtige grose Säle. In dem äussersten, der mit den Bildnissen aller Unterkönige versehen ist, pflegt er den Indianern und den Leuten von vermischten Geschlechtern, Gehör zuertheilen; in dem folgenden den Spaniern, und in dem letzten demjenigen vornehmen Frauenzimmer, welches mit ihm in geheim reden will, ohne von andern bemerkt zu werden.

Diejenigen *Collegia*, in welchen alle Regierungsgeschäfte, Rechts und Streithändel und dergleichen, ausgemacht werden, sind folgende:

Die Regierungssecretarey.
Die *Audiencia*.
Die Rechnungskammer.
Das Gericht der königlichen Cassen.
Die Stadtobrigkeit, diese besorget die oeconomische Regierung und ordentliche Handhabung der Gerechtigkeit.
Die Casse der Güter der Verstorbenen.
Das Handelsgerichte oder *Consulado*.

Die Stadt hat auch einen *Corregidor*, dessen Gerichtsbarkeit sich über alle Indianer erstreckt, die sowohl in der Stadt selbst, als 5 Meilen um dieselbe herumwohnen. Die Kirchengerichte sind.

Das Domcapitel, dessen Oberhaupt der Erzbischof ist, und aus 5 Dignitäten oder vornehmen Geistlichen besteht.
Das Inquisitions-Gerichte.
Das Gerichte der Kreutzzüge.

Ich könnte noch sehr viel merkwürdiges von der Luft und Witterung in dieser Stadt und in den ganzen Thälern, ingleichen von den Plagen und Krankheiten, davon die Einwohner hier unterworffen sind, ferner von der Fruchtbarkeit der Gegend um *Lima*, und andern dergleichen Dingen mehr, beybringen, ich würde aber davon allein ein ganzes Buch schreiben müssen; daher will ich mich noch kürzlich zu der Beschreibung der hiesigen Handlung wenden.

Lima ist nicht nur der Sitz des Regenten von *Peru*; es befinden sich hier nicht nur die vornehmsten Gerichte; sie ist auch noch die allgemeine Factorey oder Niederlage aller Waaren dieses ganzen Königreichs. Sie ist der Mittelpunct der Handlung, und hieher wird alles dasjenige gebracht, was entweder in den übrigen Provinzen hervorgebracht und verfertiget; oder mit den Gallionen und Registerschiffen nach *Amerika* geschickt wird. Von hier werden die Güter und Waaren nachgehends durch die weiten amerikanischen Königreiche vertheilet. *Lima* versieht dieselben als eine allgemeine Mutter mit allen demjenigen, was sie nöthig haben. Für sich selbst behält es den ersten Gewinst davon, und die Ehre, daß es die Handlung damit befördert.

Es werden hieher alle Güter und Schätze aus den südlichen Provinzen geführet, und hernach auf die Flotte gebracht, welche zur Zeit der Gallionen aus dem Hafen *Callao* absegelt, und ihren Weg nach den Hafen von *Panama* zunimmt.

Dasjenige, was in den Innern dieses Königreichs aus den Waaren gelöset wird, kommt erstlich nach *Lima*, und besteht in Silberklumpen oder Silberkuchen. In dieser Stadt wird es hernach in dem dazu bestimmten Orte gemünzt. Solchergestalt ziehen die Kaufleute nicht nur überhaupt ihren Vortheil aus den Verkaufe ihrer Waaren, sondern sie nutzen auch das Silber, weil sie die Marck daran um einen geringern Preiß annehmen. Auf solche Weise besteht die ganze hiesige Handlung, und gleichsam in einer Vertauschung einer Waare für die andere, und es werden zu gleicher Zeit zwo Handlungen getrieben; eine mit Kaufmannsgütern, und eine mit Silber. Das Geld, welches zwischen den Zeiten der Ankunft beyder Flotten, nach *Lima* gebracht wird, und aus den verkauften Waaren gelöst worden ist, wird von den Eigenthümern an inländische Waaren gelegt. Solche Waaren werden aus der Provinz *Quito* häufig hieher gebracht, und die Handlung damit geht eben so stark, als mit der Ausländischen.

Dieses

Dieses ist nun die vornehmste und reichste Handlung, und wird gänzlich durch die Stadt *Lima* getrieben. Ausserdem aber treibt diese Stadt auch einen besondern Handel, mit den Provinzen und Königreichen, so wohl des mittäglichen als auch des mitternächtlichen America. Das meiste und vornehmste, was aus dem mitternächtlichen Amerika hieher gebracht wird, bestehet in Schnupftoback. Dieser wird aus der *Havana* nach *Mexico* und von da nach *Lima* gebracht. Diese Stadt versieht hernach die übrigen Probinzen damit, und es hat mit dieser Handlung fast eben die Bewandniß, wie mit der Handlung von *Panama*. Aus den Häfen von Neuspanien bekommt man auch Theer, Pech, Eisen und Indigo. Das Königreich Terra Firma schickt in grosser Menge Rauchtoback hieher, wie auch Perlen, welche in *Lima* sehr stark abgehen: Denn das vornehme Frauenzimmer verschwendet nicht nur eine grose Anzahl davon; sondern man findet auch keine Mulattin, die nicht eine Schnur Perlen haben solte. Von *Guagaquil* bekommt *Lima* Holz, wovon hier die Häuser, und in *Callao* die Schiffe und kleinere Fahrzeuge aekalefatert und gebauet werden. Von der Küste von *Nosca* und *Pisco* bekommt *Lima* Wein, Brantewein, Rosinen, Oliven und Baumöle; von *Chili* aber Weitzen, Mehl, Unschlitt, Leder, hanfene Stricke, Weine, getrocknete Früchte und etwas Gold. Von *Coquimbo* und der dasigen Küste, erhält *Lima* eine grose Menge Kupfer und Zinn in Stangen. Von dem Gebirge *Caxamarca* und *Chachapogos* bekommt es Cannevas zu den Seegeln für die Schiffe, und andere aus Baumwolle verfertigte Sachen; aus den Thälern kommt Leder und Seife, welche daselbst gesotten wird; aus den südlichen und innern Provinzen bringt man Wolle, von der *Vincunjas* oder amerikanischen Schaafen, woraus Hütte und einige feine Zeuge verfertiget werden. Aus *Parugay* holt man das Kraut *Parugay*, wovon eine grose Menge zu *Lima* verthan wird, weil sie dasselbe als einen Thee trinken, und *Mate* nennen. Also ist in ganz *Peru* keine Provinz und kein Ort, dessen Einwohner nicht dasjenige, was daselbst erbauet oder verfertiget wird, nach *Lima* schicken, und daselbst verhandeln lassen, oder dasjenige, was ihnen fehlt, aus *Lima* holen solten. Mit einem Worte, diese Stadt ist der Stapel und der vornehmste Sitz der Handlung, wo Leute aus allen Gegenden zusammen kommen. Der Hafen dieser Stadt, welcher 2¼ Seemeilen davon liegt, ist *Callao*, welcher aber nebst den dabey befindlichen

Orte

Orte bey den schon gedachten Erdbeben eine erschreckliche Verwüstung erlitten hat.

2) Das Corregimient *Chancay*.

Die in diesem Corregimiente gelegene Felder sind sehr fruchtbar, und werden alle durch viel Wasserleitungen aus dem Flusse *Passamayo* gewässert. Es wird hier viel Maiz erbauet, und damit mästet man auf den Landgütern eine grose Menge Schweine. Die Schweine werden alsdenn nach *Lima* gebracht und daselbst verspeiset.

Chancay, ist die Hauptstadt in diesem Corregimiente. Dieser Ort begreift ungefehr 300 Häuser von gebacknen Steinen. Die Einwohner, welche zahlreich sind, bestehen grösentheils aus spanischen Familien. An der südlichen Seite, 1½ Meilen davon, strömet der Fluß *Passamago*. *Guaura* gehört auch hieher. Es ist eine kleine Stadt und besteht nur aus einer einzigen Gasse, die ungefehr ¼ Meile lang, und 150 bis 200 Häuser begreift.

3) Das Corregimient *Santa*.

Es liegt etwas weiter gegen Norden vor den vorigen *Santa Maria de la Parrilja*, ist der Hauptort dieses Corregimients. Die südliche Breite derselben ist 8 Grad 57 Minuten 36 Sec. Erstlich stund sie an dem Seestrande, wovon sie auch jetzo nicht über eine halbe Meile entfernet ist. Ehemals war sie geraum, und hatte viel Einwohner, es hatte auch ein *Corregidor* seinen Sitz daselbst. Im Jahr 1685 ward sie von dem englischen Seeräuber Edward Draid zerstört, worauf die Einwohner den Ort verliesen, und die meisten derselben sich an den gegenwärtigen nieder liesen. Sie besteht ungefehr aus 25 bis 30 Häusern, und etwa 50 meist indianische Familien.

Der Flecken *Guarmey* ist von keinen grosen Umfange. Er besteht aus 40 Häusern und etwan 70 Einwohnern, worunter wenig Spanier sind. Die Breite des Orts ist 10 Grad 3 Minuten 53 Secunden. Der *Corregidor*, der sonst in der Stadt *Santa* wohnte, hat hier seinen beständigen Aufenthalt.

4) Das Corregimient *Canta*.

Es nimmt seinen Anfang 5 Meilen von *Lima*, auf der nordwestlichen Seite dieser Stadt. Die Grösse desselben beträgt über 30 Meilen.

len. Den grösten Theil davon nimmt der erste Ast der grossen *Cordillera* des Andengebirges ein. Aus diesem Grunde ist die Witterung hier sehr verschieden, und richtet sich nach der Lage des Landes. Daher findet hier auch eine jede Art von Gewächsen eine für sie geschickte Witterung.

5. Das Corregimient *Canjete*.

Es nimmt seinen Anfang 6 Meilen von *Lima*, auf der südlichen Seite dieser Stadt, und geht auf eben dieser Seite 30 Meilen an der Küste hin.

Canjete, eine kleine Stadt, ist der Hauptflecken desselben.

Chilca, ein andrer Flecken, ungefehr 10 Meilen von *Lima*. Es wird hier viel Salpeter gegraben, woraus man zu *Lima* Schießpulver macht.

Dieses Corregimient treibet mit *Lima* einen starken Handel mit Zucker, Obst, Hülsenfrüchten, Federvieh und Fischen.

6) Das Corregimient *Ica, Pisco* und *Nasca*.

Es folgt gleich nach den vorhergehenden an der Küste, und geht immer nach Süden fort. Die dazu gehörige Landschaft beträgt in die Länge 60 Meilen. Man findet aber verschiedne wüste und unbewohnte Gegenden, weil das Land überhaupt sandig ist. Dem ohngeachtet wird hier viel Wein gebauet, den man nachgehends nach *Callao* und von hier nach *Guagaquil* und *Panama* führt. An vielen Orten werden auch Oelbäume, Maiß, Weitzen, Wicken und dergleichen gebauet.

Ica, Pisco und *Nasca* sind 3 kleine Städte, von welchen dieses Corregimient den Nahmen hat.

7) Das Corregimient *Guarachiri*.

Von *Lima* liegt dieses auf der östlichen Seite 6 Meilen entfernt, und erstreckt sich auf 40 Meilen in die Länge. Es enthält den ersten Arm, und einen Theil von dem zweyten der grossen *Cordillera* des Andengebirges. Die Lage des Landes gestattet nicht, daß mehr davon bewohnt werden könne, als die Thäler und niedrigen Gegenden, und diese sind sehr fruchtbar. Man findet auch in den Bergen Silberadern, in einigen davon wird gearbeitet.

L

8) Das

8) Das Corregimient *Guanaco.*

Es liegt auf der nordöstlichen Seite von *Lima*, ungefehr 40 Meilen davon. Man bauet hier wegen der gelinden Witterung viel Getreide und Früchte. *Guanaco* ist die Hauptstadt, und vom ersten Range. In den alten Zeiten war es eine von den vornehmsten Städten in diesem Königreiche, jetzo aber ist sie so herunter gekommen, daß nur noch die vornehmsten Häuser übrig sind, wo die ersten Eroberer gewohnt haben. Sie ist jetzo nur noch ein Flecken, der von Indianern bewohnt wird.

9) Das Corregimient *Yangos.*

Dieses fängt sich ungefehr 20 Meilen weit von *Lima*, auf der südöstlichen Seite dieser Stadt an. Es begreift ebenfals einen Theil von dem ersten und andern Arme der *Cordillera.* Die größte Länge desselben beträgt 30 Meilen. Es werden hier viel Land- und Garten-Früchte erbauet. Auf den fruchtbaren Wiesen weiden starke Heerden von grossen und kleinen Vieh. Dieses wird nach *Lima* verführt, und darinne besteht die vornehmste Handlung des Landes.

10) Das Corregimient *Caxatambo.*

Es liegt 35 Meilen weit von *Lima* auf der nördlichen Seite der Stadt. Die größte Länge beträgt ungefehr 20 Meilen, und einen Theil davon nimmt das Gebirge ein. Man findet hier Silberbergwerke, worinne beständig gearbeitet wird. Die Indianer wirken Fries, und darinne besteht ein grosser Theil der Handlung des Landes.

11) Das Corregimient *Tarma.*

Dieses ist eines von den größten in diesem Erzbißthume. Es fängt sich 40 Meilen weit von *Lima* gegen Nordosten an, und grenzt gegen Osten mit den heidnischen und wilden Indianern, welche man *Maran Cochas* nennt. Diese Provinz ist reich von Silberbergwerken. In vielen davon wird gearbeitet, und die Einwohner gelangen dadurch zu ansehnlichen Vermögen. In den meisten Flecken verfertigen die Indianer Fries und Tücher.

12) Das Corregimient *Jauxa.*

Es fängt sich ebenfals 40 Meilen von *Lima* auf der östlichen Seite an, und ist ungefehr 40 Meilen lang. Es begreift in sich die geraumen

men Thäler und Ebenen, die sich zwischen der östlichen und westlichen *Cordillera* des Andengebirges befinden. Mitten hindurch strömt der grosse Fluß, der ebenfals den Nahmen *Jauxa* führt, ein Arm des *Maranjou* oder Amazonenflusses ist. Es ist mit schönen und volkreichen Flecken angefüllt, die von Spaniern, Mestizen und Indianern bewohnet werden. Es wird hier starke Handlung getrieben, weil die ordentliche Landstraffe nach den übrigen Provinzen und südlichen Landschaften hindurch geht. Es grenzt ebenfals mit den wilden Berginndianern, und hat auch einige Silberberggwerke.

13) Das Corregimient *Conchucos*.

Liegt auch 40 Meilen von *Lima*, gegen Nordnordosten, und geht gerade mitten durch das Gebirge. Es bringt allerhand Getreide und Früchte hervor. Ingleichen hat es eine Viehheerde. Die vornehmste Beschäftigung der Indianer ist, daß sie Tuch und wollne Zeuge verfertigen.

14) Das Corregimient *Guaglas*.

Es geht ebenfals mitten durch das Gebirge, 50 Meilen weit von *Lima*, auf der nordnordostlichen Seite. Es ist ziemlich gros, und hat eine verschiedene Witterung.

15) Das Corregimient *Guamalies*.

Hat eben die Lage wie die vorhergehenden. Es fängt sich 80 Meilen weit von *Lima*, gegen Nordosten an. Es ist nicht sonderlich fruchtbar, ob es schon über 40 Meilen gros ist. Die Indianer verfertigen viel Tuch, Fries und andre wollene Sachen, worinne auch ihre größte Handlung bestehet.

Das erste Bißthum der *Audiencia Lima*,
Truxillo.

Das Gebiete dieses Bißthums liegt auf der nördlichen Seite des Erzbißthums *Lima*. Es gehört aber nicht das ganze Bißthum zu dieser *Audiencia Lima*, und zu dem Gebiete des Unterköniges, denn es begreist auch die Statthalterschaft *Jaen de Bracamoros* in sich, die zu der Provinz und *Audiencia* Quito gehört, und von welcher im ersten Capitel dieser andern Abtheilung ist gehandelt worden. Wenn wir also diese gedachte Statthalterschaft von der Anzahl derjenigen Landschaften ausschliessen, wovon wir zu handeln haben; so bleiben 7 Corregimiente übrig, welche zu dem Bißthume *Truxillo*, in dem Gebiete des Unterkönigs von Peru, in der *Audiencia Lima*, gehören. Sie sind in der Ordnung folgende:

1) Das Corregimient *Truxillo*.

Es liegt von *Lima* gegen Norden, und ist ungefehr 113 Meilen davon entfernt. Zwischen Winter und Sommer ist hier ein merklicher Unterschied. Im Sommer spürt man ziemliche Hitze, und im Winter nicht geringern Frost. Die Felder sind überaus fruchtbar, ein Theil davon besteht aus Wein- und Oelgärten. Das Land hat nicht nur einen Überfluß an Lebensmitteln für seine eigene Einwohner; sondern es kan auch dergleichen, vornämlich Rockenmehl und Zucker nach *Panama* schicken. Die Hauptstadt darinne ist:

Truxillo. Sie liegt im 8 Grad 6 Min. 3 Secunden der südlichen Breite. Sie ist mit einer Mauer von gebackenen Steinen umgeben, und, in Ansehung ihrer Grösse, kan man sie unter die europäischen Städte von der dritten Ordnung zählen. Sie liegt etwan eine halbe Meile weit von dem Seestrande, und 2 Meilen von ihr gegen Norden, ist der Hafen *Guanchaco*, vermittelst dessen sie über das Meer handelt. Die Häuser sind ziemlich ansehnlich und schön. Die vornehmsten Häuser in der Stadt sind alle von gebacknen Steinen aufgeführt, und haben prächtige Erker und schöne Thorwege, sind aber meistens wegen der Erdbeben nur ein Stockwerk hoch. In dieser Stadt wohnt der *Corregidor*, der den ganzen Bezirk unter sich hat. Man findet hier eine königliche Steuerkasse. Ferner hat auch die Stadt verschiedene Mönchs- und Nonnenklöster, und ein Jesuitercollegium. Die Einwohner bestehen aus Spaniern, Indianern, und Leuten von allerhand vermischten Geschlechtern. Etwan eine Meile weit von der Stadt, sieht man einen Fluß, der mit seinem Wasser die umliegenden Felder fruchtbar macht.

Moche, ein Flecken unter dem 8 Grad 24 Min. 59 Secunden südlicher Breite. Er besteht aus 50 Häusern, und darinne wohnen 70 Geschlechter von Spaniern, Indianern und vermischten Gattungen. Von den Reisenden muß hier den Alcalden der Paß des *Corregidors* zu *Truxillo* gezeigt werden, sonst dürfen sie ihren Weg nicht weiter fortsetzen.

2) Das Corregimient *Sanja.*

Sie liegt ungefehr 40 Meilen von Truxillo gegen Norden. Das Land ist ziemlich fruchtbar, bringt allerhand Früchte und auch einigen Wein hervor. Von den Einwohnern werden einige Sachen von Baumwolle verfertiget, als Bettdecken mit Figuren, Tischtücher und dergleichen. Der Hauptort ist jetzo *Lambayeque*, ein Flecken unter dem 6 Grad 41 Min. 37 Sec. südlicher Breite. Er bestehet ungefehr aus 1500 Häusern von allerhand Beschaffenheit. Die Anzahl der Einwohner belauft sich auf 3000, und darunter befinden sich einige sehr ansehnliche und begüterte Geschlechter. Diese grosse Anzahl rühret davon her, weil die Geschlechter, die sich jetzo hier befinden, zuvor in der Stadt *Sanja* wohnten, welche aber im Jahr 1685 durch den schon gedachten Edward Draid, und hernach durch das Aufschwellen des Flusses *Sarga* völlig verwüstet wurde. Hier befindet sich der *Corregidor*, unter dessen Gerichtsbarkeit verschiedene andre Flecken stehen.

Der Flecken *San Pedro*, liegt 20 Meilen von dem vorigen, und ist der letzte in diesem Corregimiente. Seine südliche Breite ist 7 Grad, 25 Min. 49 Secunden. Er bestehet ungefehr aus 130 Häusern. Die Einwohner bestehen aus 120 Geschlechtern Indianer, 30 von Weissen und Mestizen, und 10 bis 12 vermischten Geschlechtern. Man findet hier ein Augustinerkloster, worinne aber ordentlich nur 2 Personen wohnen, der Prior, der Pfarrer des Fleckens, und ein Gehülfe desselben.

3) Das Corregiment *Piara.*

Es liegt noch weiter gegen Norden, und grenzt mit *Guagaquil*. Dieses ganze Corregiment, so weit sich die Thäler erstrecken, trägt ordentlich weiter keine Früchte als Wicken. Doch findet man auch Gegenden, welche allerhand Früchte, Getreide und Wurzeln hervor bringen. In den meisten Landgütern werden Ziegen gehalten. Von diesen werden viele geschlachtet, und aus ihrem Fette siedet man Seife, wovon eine grosse Menge nach *Quito*, *Lima* und *Panama* gebracht wird. Von den Häuten dieser Ziegen verfertiget man Corduan, welches eben so gut abgehet.

Piara ist die Hauptstadt dieses Corregimients, und der erste Wohnplatz der Spanier in Peru. Ihre südliche Breite ist 5 Grad 11 Min. 1 Secunde. Die Häuser sind von ungebrannten Ziegeln aufgeführt, und gemeiniglich nur ein Stockwerk hoch. Hier hat der *Corregidor* seinen ordentlichen Sitz. Die Gerichtsbarkeit desselben erstreckt sich auf der einen Seite durch die Thäler hin, und auf der andern über das Gebirge. Die Stadt hat 10500 Einwohner. Die Luft ist warm, und regnet es fast selten, doch ist es gesund wohnen. An den Häusern hin strömt ein Fluß, der die Felder fruchtbar macht und sie befeuchtet.

Pagta, ein Hafen und Flecken unter dem 5 Grad, 5 Minuten südlicher Breite. Er wird vor den besten auf diesem Theile der Küste gehalten, ob er gleich wircklich wenig mehr als eine gute Bay ist, doch hat er in der That eine sichre und bequeme Ankerstelle. Der Ort ist klein, und besteht nur aus einer einzigen Gasse, die auf beyden Seiten ungefehr 172 Häuser hat. Diese Häuser haben nur ein Stockwerk, und sind von zerspaltenen Rohr und Leimen gemacht, und die Dächer mit Laube gedeckt, die Wohnung des königlichen Beamten ausgenommen, welche von Steinen aufgeführt ist. Die ganze Gegend ist sandig und überaus dürre, denn erstlich regnet es hier, wie in den Thälern überhaupt, gar nicht; hernach findet man keinen Fluß, wodurch dieses Land gewässert werden könte. Die Einwohner müssen ihr Wasser täglich in dem Flecken *Colan* holen, der an eben diesen Meerbusen, 4 Meilen weit gegen Norden von *Pagta* liegt. Die Indianer in diesem Flecken sind verbunden, täglich ein oder zwey mit Wasser beladene Balsen (eine Art Flössen) nach *Pagta* zu führen, welches hernach unter die Einwohner vertheilet wird. Die Anzahl der Einwohner in *Pagta* erstreckt sich auf 35 bis 40 Familien. Sie erhalten sich von demjenigen, was die Reisenden hier verzehren, welche hier zu Schiffe gehen, oder ans Land steigen, und ihren Weg auf *Panama* oder *Lima* zu nehmen; denn es ist der gewöhnliche Ort, wo die Reisenden, welche von *Acapalco* oder *Panama* nach *Lima* gehen, die Schiffe verlassen, denn die Seereise bis dahin, welche ungefehr 840 Meilen zu Wasser beträgt, ist wegen der widrigen Winde sehr langwierig und beschwerlich, so daß sich ein Schiff vor glücklich schätzen muß, wenn es dieselbe innerhalb 40 oder 50 Tagen endiget. Hingegen zu Lande findet man einen ziemlich guten Weg, welcher

welcher gleichlaufend mit der Küste geht, und mit verschiedenen Oertern und Dörfern zur Bequemlichkeit der Reisenden versehen ist.

Sechura, ein Flecken, 10 Meilen von Piara. Die Breite desselben beträgt 5 Grad, 32 Minuten, 33½ Secunde. Ehemals lag er gleich an der See, wo die Landspitze *Aguja* oder die Nadel ist. Er ward aber von der See überschwemmt, und man baute ihn hernach etwan eine Meile vom Strande, wo er jetzo stehet. Er hat ungefehr 200 Häuser von Röhre, und die Anzahl der Einwohner belauft sich auf 400, und sind entweder Maulefeltreiber oder Fischer. Dieser Flecken ist der letzte an der Landschaft *Piara*, auf der Seite gegen *Truxillo* und *Lima* zu, und man kommt von demselben hernach in eine Wüste gleiches Nahmens.

4) Das Corregimient *Caxamarca*.

Es liegt auf der östlichen Seite von *Truxillo*, und folgt gleich auf das vorhergehende. Das Land ist fruchtbar und bringt allerhand Gewächse und Früchte hervor. Es hat auch viel aros und kleines Vieh, und besonders Schweine. Die Indianer verfertigen allerhand Sachen aus Baumwolle, und man findet auch einige Silberbergwerke, es wird aber wenig darinne gearbeitet.

5) Das Corregimient *Chachapoyas*.

Dieses liegt noch etwas weiter gegen Osten. Er erstreckt sich sehr weit, ist aber größtentheils unbewohnt. Die Indianer machen Tapeten und andre dergleichen Dinge. Diese haben hier ein sehr schönes und feines Ansehn, weil sie die feinste Farben sehr geschickt hinein zu bringen wissen. Sie machen auch viel Seegeltücher.

6) Das Corregimient *Aulla* und *Chilleos*.

Auf der südlichen Seite des vorhergehenden. Es liegt sehr niedrig, folglich warm und feuchte, daher auch sehr waldigt und größtentheils unbewohnt. Es grenzt an dem Fluß *Mogobamba*, welcher hernach den Amazonenfluß bildet. Die vornehmste Frucht des Landes ist Toback, ingleichen Mandeln und einige andere Früchte.

7) Das Corregimient *Pataz*, oder *Caxamanquilla*.

Die Witterung und die Landfrüchte sind hier wegen der verschiedenen Lage auch nicht einerley. Man findet hier Goldbergwerke, und die

die vornehmste Handlung besteht darinne, daß man solches Metall für gangbare, und sonderlich Silbermünze einkauft. Denn das Silber wird in diesen Gegenden höher geachtet, weil es in denselben nicht häufig gefunden wird.

Das zweyte Bißthum der *Audiencia Lima*, *Guamanga*.

Das ganze Gebiete desselben wird in neun Corregimienter abgetheilet. Sie sind folgende:

1) Das Corregimient *Guamanga*.

Diese ganze Gegend hat eine gute Witterung, deswegen bringt es auch viel Getreide, Früchte und Vieh hervor, und ist stark bewohnt. Ein Theil der hiesigen Handlung besteht in Rindsleder und hier verfertigten Schuhsolen.

Guamanga ist die Hauptstadt des ganzen Bißthums, und ward im Jahr 1539 vom *Francisco Pizarro* erbauet, damit die Handlung zwischen *Lima* und *Cuzco* erleichtert werden möchte. Sie liegt an einem nicht allzuhohen Gebirge, welches durch den südlichen Theil des Landes hindurch gehet. Gegen Osten strömt ein kleiner Fluß an derselben hin, welcher auf diesem Gebirge entspringet. Unter den Einwohnern daselbst zehlt man ungefehr 20 edle Geschlechter. Die Häuser sind größtentheils von Stein erbauet, wenigstens das Hauptgebäude, und sind mit Ziegeln gedeckt. Die Indianer haben um die Stadt herum grosse Vorstädte, und ihre Häuser sind ebenfals von Steinen aufgeführt. Der ganze Ort hat daher ein angenehmes Ansehen, und dieses gilt auch von allen übrigen Städten in diesem Königreiche, die nicht an der Küste liegen. Auffer den Kirchen und Klöstern hat diese Stadt auch eine Universität, welche eben die Vorrechte hat, wie die zu *Lima*.

2) Das Corregimient *Guanta*.

Es liegt auf der westnordwestlichen Seite von *Guamanga*, etwan 4 Meilen von derselben. Die größte Länge beträgt 25 bis 30 Meilen. Es hat eine gelinde Witterung, und daher viel Getreide und Früchte bringt. Man findet hier Silberbergwerke, die sonst sehr ergiebig waren, jetzo aber in Verfall gerathen sind. Man findet auch viel Bley, womit starke Handlung getrieben wird.

3) **Das Corregimient** *Vilcas-Guaman.*

Auf der südostlichen Seite von *Guamanga,* in einer Entfernung von 6 bis 7 Meilen, in einer Länge von ungefehr 30 Meilen. Es ist fruchtbar und hat viel Viehweide. Die Indianer verfertigen Fries, Watte und andre wollene Sachen, welche hernach nach *Cuzco, Potosi* und andre Provinzen verführt werden.

4) **Das Corregimient** *Andaguaylas.*

Sie erstreckt sich über 20 Meilen weit gegen Osten, zwischen den beyden Armen der *Cordilleras.* Einige kleine Flüsse strömen hindurch, und machen das Land überaus fruchtbar. Man baut hier vornemlich eine grosse Menge Zuckerrohr, und die Provinz ist eine der volkreichsten in den hiesigen Königreichen. Die vornehmen Geschlechter in *Guamanga* haben hier grosse Felder, die mit Zuckerrohre bepflanzt sind.

5) **Die Statthalterschaft** *Guanca Belica.*

Sie liegt 30 Meilen von *Guamanga,* auf der nordlichen Seite. Die Witterung ist strenge, daß weder Getreide noch Früchte hier wachsen.

Guanca Belica, die Hauptstadt vom andern Range, welche wegen der hier befindlichen ergiebigen Queckſilbergruben erbauet worden. Diese Gruben sind die einzigen, woraus man alles dasjenige Queckſilber holet, dessen man sich in ganz Peru zu Schmelzung des Silbers bedient. Ungeachtet man schon so viel daraus genommen hat, und noch daraus nimmt, so spürt man doch keinen Abgang daran. Sie ist schon im Jahr 1566 erfunden worden. Im Jahr 1571 fieng man an, sich des Queckſilbers, zu Schmelzung des Silbererzes zu bedienen. Die Könige in Spanien haben sich derselben seit ihrer Entdeckung beständig vorbehalten. Das Queckſilber, welches man daraus holt, wird hier den Bergleuten verkauft, und in die königlichen Cassen des ganzen Königreichs geschickt, damit diejenigen, die allzuweit entfernt sind, sich um so viel bequemer damit versehen können.

6) **Das Corregimient** *Angaraes.*

Es gehört unter die Statthalterschaft *Guanca Belica,* liegt ungefehr 20 Meilen von *Guamanga,* gegen westnordwesten, und erstreckt sich

M über

über 20 Meilen weit. Das Land ist fruchtbar, und auf den Feldern hat man viel gros und klein Vieh.

7) Das Corregimient *Castro Virregna*.

Auf der westlichen Seite der Stadt *Guamanga*. An einigen Orten ist es über 30 Meilen lang, und die Witterung sehr verschieden. Man findet hier viel *Vicunjas*, oder amerikanische Schaafe, in den kältesten Gegenden, deren Wolle den größten Theil der Handlung ausmacht.

8) Das Corregimient *Parina Cocha*.

Ungefehr 20 Meilen gegen Süden von *Guamanga*. Die größte Länge desselben beträgt 25 Meilen. Das Land hat viel Getreide, Früchte und Viehweide. Man trift hier auch viel Gold- und Silberbergwerke an, welche jetzo mehr Ausbeute als sonsten geben.

9) Das Corregimient *Lucames*.

Es liegt ungefehr 10 Meilen weiter gegen Süden und Westen als das vorhergehende. Das Land ist theils kalt, theils gemäßiget, in den kalten Gegenden findet man viel Viehheerden. Man trift auch viel Silberbergwerke an, welche beständig so ergiebig sind, daß sie sehr viel zum Reichthume des Königreichs Peru beytragen. Die Kaufleute holen dasselbe für andere Waaren in Stangen und Klumpen. Es liegt nicht allzuweit von der Seeküste bey der Stadt *Nasca*.

Das dritte Bißthum der *Audiencia Lima*, el *Cuzco*.

Dieses Bißthum wird in 14 Corregimienter eingetheilt.

1) Das Corregimient *Cuzco*.

Dieses Corregimient erstreckt sich auf 20 Meilen. Die Witterung ist verschieden, doch meistens gemäßiget. An einigen Orten findet man viel Früchte und Getreide, an andern aber grosse Heerden klein und gros Vieh.

Cuzco ist die Hauptstadt dieses Corregimients und des ganzen Bißthums. Sie ist unter allen die älteste Stadt, die man in Peru findet. Mit ihr nahm das weitläuftige Kaiserthum der *Incas* seinen

Anfang. Als die Spanier hieher kamen, bewunderten sie nicht wenig den grossen Umfang und die Weite dieser Stadt, die Pracht der Tempel der Sonne, die Majestät der kaiserlichen Palläste, und die übrige Grösse der Stadt, woraus man deutlich sehen konte, daß dieses der Sitz der Kaiser, und die Hauptstadt des ganzen Reichs war. Im Jahr 1534 drang Don Francisco Pizarra in diese Stadt ein, und nahm im Nahmen Kaiser Carl des 5ten davon Besitz. Der Inca Manca belagerte sie hierauf, und legte sie fast ganz in Asche; er konte es aber doch nicht dahin bringen, daß die Spanier den Ort verlassen, und sich hinweg begeben hätten. Die Lage der Stadt ist ungleich, denn die Berge, woran sie liegt, lassen solches nicht anders zu. Auf einem solchen Berge der Stadt, gegen Norden, findet man noch die Spuren von der berühmten Festung, welche die Incas hier zu ihrer Vertheidigung angeleget haben. Die ganze Mauer war von gehauenen Steinen von solcher Grösse aufgeführt, daß man sich nicht vorstellen kan, wie menschliche Kräfte, ohne Beyhülfe der Maschinen, dieselbe von den Orten, wo sie gehauen worden sind, hieher haben bringen können.

In Ansehung des Umfangs ist *Cuzco* beynahe eben so gros, wie *Lima*. Die meisten Häuser sind von Steinen aufgeführt; stehen in guter Ordnung, und sind alle mit rothen Ziegeln gedeckt. Ordentlich sind die Hausthüren um und um übergoldet, und eine gleiche Pracht bemerkt man auch an den Dächern, an den übrigen Zierrathen, und an dem Hausrathe. Man findet verschiedne Kirchen und Klöster in dieser Stadt; ingleichen 3 *Collegia* für die Studirenden. Die Stadtobrigkeit besteht aus einem *Corregidor* und den Regidoren, deren Oberhaupt jener ist. Der Bischoff und das ganze Domcapitel hat hier seinen Sitz. In den alten Zeiten wurde die Stadt stark von Spaniern bewohnt; jetzo aber hat die Anzahl der Einwohner sehr abgenommen.

2) Das Corregimient *Quispicanchi*.

Es fängt sich gleich an der südlichen Seite der Stadt *Cuzco* an, und erstreckt sich etwas über 20 Meilen von Osten gegen Westen. Das Land ist mit Landgütern angefüllt. Man findet hier auch viel Tuch- und Friesmanufacturen. Ein Theil der Landschaft stößt an die Wälder, welche von den wilden Indianern bewohnt werden.

3) Das Corregimient *Arancay.*

Vier Meilen gegen Nordwesten von *Cuzco.* Es ist über 30 Meilen lang, und bringt viel Zuckerrohre herfür.

4) Das Corregimient *Paucartambo.*

Es liegt auf der östlichen Seite, 8 Meilen von *Cuzco.* Das Land ist an Früchten und Getreide sehr fruchtbar.

5) Das Corregimient *Calcaylares.*

Auf der westlichen Seite 4 Meilen von *Cuzco,* hat eine angenehme Witterung, und ist sehr fruchtbar. Der Zuckerbau ist hier nicht mehr so stark wie sonst. Er ist aber von solcher Güte, daß er, ohne weitere als die gewöhnliche Zubereitung, an Härte und Weisse dem europäischen Resenate gleich kommt.

6) Das Corregimient *Chilques* und *Masques.*

Es liegt ungefehr 8 Meilen gegen Südwesten von *Cuzco.*

7) Das Corregimient *Cotabamba.*

Ungefehr 20 Meilen südwestlich von *Cuzco.* Es besitzt häufige Gold- und Silberbergwerke, welche ehedem ergiebiger als jetzo waren.

8) Das Corregimient *Canas* und *Canches,* oder *Tinta.*

Es liegt 10 bis 20 Meilen von *Cuzco* gegen Süden, und erstreckt sich sowol von Norden gegen Süden, als von Osten gegen Westen auf 20 Meilen. Auf den Wiesen, die vor den Hügeln des hiesigen Gebirges gebildet werden, weiden jährlich 25 bis 30000 Maulesel, die von *Tucuman* hieher kommen. Hier ist auch der Mauleselmarkt. In der Abtheilung *Canas* ist das berühmte Silberbergwerk Condonoma.

9) Das Corregimient *Aymaraes.*

Beynahe 40 Meilen weit von *Cuzco.* In die Lande erbauet man viel Zucker und Getreide. Hierzu kommen die Silber und Goldbergwerke, die aber jetzo, wegen Mangel der Arbeiter, wenig Ausbeute geben, indem die Provinz nicht stark bewohnt ist.

10) Das Corregimient *Chumbi-Vilcas.*

Hat einige Gold- und Silberbergwerke.

11) Das

11) Das Corregimient *Lamba.*

Diese Landschaft ist sehr fruchtbar, und hat viele Silberbergwerke, woraus eine ansehnliche Ausbeute kommt.

12) Das Corregimient *Caravaya.*

Es liegt über 60 Meilen weit gegen Südosten von *Cuzco*, und erstreckt sich über 50 Meilen. Man trift hier häufige Goldbergwerke an; ingleichen die berühmten Wäschen *San Juan del Oro* und *Gablo Coga.* An den Grenzen dieser Provinz ist ein Fluß, welchen die heidnischen Indianer bewohnen, und in dem man so viel Gold findet, daß die Caziken zu gewissen Zeiten des Jahres ganze Haufen von Indianern aus ihren Flecken an die Ufer desselben schicken. Diese graben verschiedene Gruben, schütten den Sand zusammen, waschen ihn, sammlen hernach so viel Gold aus demselben, als sie nöthig haben, um ihre Gaben abzutragen. Silberbergwerke findet man hier eben so häufig als Gold. Im Jahr 1713 entdeckte man auf dem Berge *Ucuntapa* eine fast gediegene Silberplatte, die einige Millionen ausbeute gab, und in kurzer Zeit weggeholet wurde.

13) Das Corregimient *Asangaro* und *Asilo.*

Es gehört jetzo zu der *Audiencia Charcas.*

14) Das Corregimient *Apolobamba.*

Eigentlich sind es Mißionen der Franciscaner, ungefehr 60 Meilen von *Cuzco*, an den Grenzen von *Moxos*, wo die Jesuiten ihre Mißionen haben. Sie bestehet aus 7 indianischen Dörfern.

Das vierte Bißthum der *Audiencia Lima.*

Arequipa.

Diese ganze Landschaft hat eine angenehme Lage und vortrefliche Witterung, welche so schön ist, daß man sie nicht besser wünschen kan. Ein Theil davon liegt an der Südsee; und wird es überhaupt in 6 Corregimienter eingetheilt.

1) Das Corregimient *Arequipa.*

In Ansehung der Luft und Witterung sind sie einander alle gleich, daher ich es nicht bey jeden erinnern werde. Die Hauptstadt ist *Arequipa.* Sie ward im Jahr 1539 erbauet, und liegt in einem Thale, 20 Meilen von der See. Sie ist eine von den größten in ganz Peru,

Peru, und die schöne Ordnung und Einrichtung der Häuser vergrösert ihren Vorzug. Diese sind alle von Steinen aufgeführt und gewölbt. Die Einwohner sind durchgängig bemüht, sich durch eine anständige Pracht hervor zu thun, die Felder stellen lauter Wollust vor, und dienen zu einer beständigen Erquickung. In der Gegend der Stadt strömt ein Fluß, dessen Wasser zum Theil durch die Gassen geleitet wird, welches den Unflat daraus hinwegführt, und sie beständig sauber und rein hält. Sie ist aber bey alle diesen den Erdbeben sehr unterworffen, welche schon bisweilen die ganze Stadt zu Grunde gerichtet haben. Die Einwohner sind zahlreich, und viel vornehme spanische Geschlechter darunter. Sie hat auch verschiedne Kirchen, Klöster und ein Seminarium, und der *Corregidor* wohnt hieselbst.

2) Das Corregimient *Camana*.

Es liegt nicht weit von der Seeküste, ist groß, hat aber gegen die Küste viel unbewohnte Plätze. Die Handlung besteht vornehmlich in grosen Heerden Eseln, die hier gezogen und geweidet werden. Man findet auch einige Silberbergwerke, welche aber schlecht bearbeitet werden.

3) Das Corregimient *Condesugos de Arequipa*.

Es liegt auf 30 Meilen von *Arequipa* gegen Norden. Hier wächst viel wilde *Cochinelle*, womit einige Handlung getrieben wird. Das Land hat viel Gold und Silberbergwercke, aber sie werden nicht mehr so wie sonst bearbeitet.

4) Das Corregimient *Caylloma*.

Ungefehr 30 Meilen gegen Nordosten von *Arequipa*. Hier findet man sehr ergiebige Silberbergwercke. In der Stadt *Caylloma* ist eine königl. Casse und 2 königl. Beamte, welche die Einnahme des 5ten Theiles und die Austheilung des Quecksilbers zu den Silbernetzen, besorgen müssen. Eben daselbst hat auch ein Statthalter sein Sitz.

5) Das Corregimiente *Moquequa*.

Gegen Süden von *Arequipa* ungefehr 40 Meilen davon. Von der Küste der Südsee ist es etwan 16 Meilen entfernet. Man findet in dem Lande sehr grose Weinberge.

6) Das Corregimient *Arica*.

Es liegt an der Küste der Südsee. Das Land ist größtentheils unfruchtbar, doch wird viel *Agi* oder rother Pfeffer darinne erbauet,

und

und eine grose Handlung damit getrieben. Er ist das ordentlichste und gewöhnlichste Gewürz der Einwohner, in die größten Theile von America. An manchen Orten wachsen auch schöne Oelbäume.

Die Stadt *Arica* liegt schon an dem Abhange der Küste zwischen dem 18 und 19 Grad in der Breite. Das Silber aus *Potosi* wird dahin gebracht, und nach *Panama* fortgeschifft. Der Hafen ist gut, und hat eine Rheede, die von einer davor liegenden kleinen Insel geschützt wird.

Von der *Audiencia Los Charcas*.

Diese Provinz ist von nicht geringern Umfange, als die *Audiencia Lima*, doch ist sie an einigen Orten nicht so bewohnt, als die leztere. Auf der einen Seite verhindern dieses die grosen Wüsteneyen und undurchdringliche Wälder; auf der andern die sehr hohen *Cordilleras* des Andengebirges. Gegen Norden fängt sich diese Provinz bey *Vilcanota* an, welches noch zu der Provinz *Lampa* in dem Bißthume *el Cuzca* gehöret, und geht auf der südlichen Seite bis nach *Buenos Ayres*, gegen Osten aber bis nach *Brasilien*; und gegen Westen bis an die Küste der Südsee, wie die dazu gehörige Provinz *Atacama*, die auf dieser Seite am meisten gegen Mitternacht liegt. Das übrige davon gränzt an das Königreich *Chile*. In dieser ganzen Weite findet man ein Erzbißthum und 5 darunter gehörige Bißthümer. Ihre Namen sind.

Das Erzbißthum *La Plata*.
Das Bißthum *La Bax*.
Das Bißthum *Santa Crux de la Sierra*.
Das Bißthum *Tacuman*.
Das Bißthum *Paraguay*.
Das Bißthum *Buenos Ayres*.

Das Erzbißthum der *Audiencia Charcas* oder *Chuquisaca*, la Plata.

Die Einwohner haben bey der Eroberung dieser Provinz, den Spaniern unter allen den meisten Wiederstand gethan. Als *Gonzalo Pizarro* im Jahr 1538 den vornehmsten Flecken dieser Indianer, mit nach vielen vorhergegangenen Treffen, mit seinen noch übrigen Spaniern erreichet hatte; wurde er von ihnen umringet, und so in die Enge getrieben, daß die Indianer die wenigen Spanier, so noch

übrig

übrig geblieben, gewiß vollends aufgerieben haben würden, wenn ihm nicht von seinem Bruder, Don Francisco Pigarco, schleunige Hülfe aus *Cuzco* wäre zugeschicket worden. Hierauf wurden sie überwunden, und unter das spanische Joch gebracht. Im Jahr 1551 wurde hier ein Bißthum, im Jahr 1608 aber ein Erzbißthum errichtet. *La Plata* ist die Hauptstadt des ganzen Erzbißthums und der ganzen *Audiencia*. Sie ist eine Stadt vom ersten Range, und ihr Name zielt auf einige Silberbergwerke in dem Berge *Porco*, der nicht weit davon liegt. Sie stehet an eben dem Orte, wo zuvor der Flecken *Chuquisaca* stand, und behält auch noch immer diesen alten Namen. Sie liegt auf einer kleinen Ebene, und hat um und um Berge von einer mittelmäsigen Höhe. Im Sommer ist die Witterung sehr gelinde, im Winter aber regnet es lange Zeit nach einander. Die Häuser sind meist 2 Stockwerk hoch und mit Ziegeln gedeckt. Fliessend Wasser wird hier wenig gefunden, und nur so viel als zum Gebrauch der Einwohner höchst nothwendig ist. Die Anzahl der Einwohner soll sich auf 14000 Seelen erstrecken, welche aus Indianern und Spaniern bestehen. Sie hat verschiedene Kirchen, Klöster und eine Universität. Das vornehmste Gerichte ist hier die königliche *Audiencia*, welche im Jahr 1559 errichtet worden. Unter dieses Erzbißthum gehören 14 Corregimienter.

1) Das Corregimient *la Plata*, und die Reichsstadt vom andern Range, *Potosi*.

Hier will ich nur vornehmlich von den berühmten Bergwerken zu *Potosi* und der dabey befindlichen Stadt reden.

Der berühmte Berg *Potosi*, an dessen Fuße die Stadt gleiches Namens, auf der südlichen Seite liegt, ist in der Welt bekannt genung; wegen des häufigen Silbers, welches man daraus bekommen hat, und wodurch der Ruf und die Reichthümer dieses Berges bis in die entferntesten Gegenden ausgebreitet worden sind. Die Entdeckung dieser reichen Bergwerke, geschah im Jahr 1545 durch einen ungefehren Zufall. Ein Indianer verfolgte einige Gemsen. Diese liefen gerade nach den Bergen zu. Der Indianer setzte ihnen nach, und da er an einen etwas steilen Weg kam, der auf den Berg hinauf ging: so hielt er sich an einen Ast an, um sich die Schwierigkeit des Hinaufkletterns einigermasen zu erleichtern. Weil aber der Baum mit seinen

Wur-

Wurzeln nicht so fest in der Erde stack, daß er der Last des Indianers hätte wiederstehen können: so riß ihn der Indianer aus, und entdeckte unter demselben einen Klumpen oder eine Ader vom gediegenen Silber, die unter der dünnen Oberfläche der Erde verborgen gewesen war. Zu gleicher Zeit zog er einige Stücken Silber mit heraus, die an den Wurzeln zwischen den Erdklösern hingen. Der Indianer, der seinen Aufenthalt in *Porco* hatte, begab sich mit einem Theile von dem Metalle, so viel er aus der Ader hatte herausbekommen können, nach Hause, und schmolz und läuterte sein Silber in geheim. So oft er nun mehr nöthig hatte, so gieng er auf den Berg, und fuhr in seinen Arbeiten fort. Endlich bemerkte ein andrer Indianer, der sein guter Freund war, daß sich seine Glücksumstände verbessert hatten, und lag ihm so lange an, bis er ihm sein Geheimniß entdeckte. Beyde fuhren hernach einige Zeit mit einander fort, Silber aus dem Berge zu holen, bis sie endlich uneins wurden, weil der erstere dem andern nicht die Art und Weise entdecken wolte, wie er das Metall zu schmelzen und zu läutern pflegte. Der andere gab hierauf seinem Herrn, einen Einwohner in *Porco* Nachricht von dieser reichen Silbergrube. Dieser begab sich so gleich dahin, und fand sie den 21. April. des Jahrs 1545. Von der Zeit an hat man darinne gearbeitet, und grose Schätze daraus gezogen.

Dieses war also die erste Ader, wodurch sich die Reichthümer offenbarten, die in diesem Berge verborgen waren. Die Grube bekam deswegen den Namen *Descubridora* oder die Entdeckerin. In wenig Tagen fand man eine andere nicht weniger reichhaltige; und diese wurde *la Mina del Estanjo*, oder das Zinnbergwerk genennt. Hierauf folgte eine andere, mit Namen *Puca* oder die Reiche, weil sie ergiebiger war, als alle die übrigen. Endlich fand man auch die sogenannte *Mendieta*. Dieses sind nun die vornehmsten Bergwerke in dem gedachten Berge; ohne viele andere kleinere Adern zu rechnen, die überall durch den Berg hindurchstreichen. Die gedachten vier Hauptadern befinden sich auf der nordlichen Seite des Berges, und streichen von Norden gegen Süden, mit einer kleinen Neigung gegen Westen. Nach der Meynung der Bergwerksverständigen in diesem Königreiche, sind diejenigen Adern, welche einen solchen Strich halten, die reichsten; und man findet in denselben das Silber im grösten Ueberflusse.

Der

Der Ruf von diesen Bergwerken wurde in kurzer Zeit ausgebreitet; und es kamen von allen Orten Leute hieher, sonderlich aus der Stadt *la Plata*, welche 20 bis 25 Meilen weit von diesem Berge abliegt. Die Stadt *Potosi* wurde dadurch reich. Nach der gemeinen Meynung hat dieselbe 2 Meilen im Umfange, und es haben sich in derselben viel edele Geschlechter, sonderlich solche, welche Bergwerke bauen, und Kuxe haben, niedergelassen. Die Witterung auf dem Berge ist sehr kalt und trocken; und daher ist auch die Gegend um die Stadt *Potosi* ganz unfruchtbar, so daß sie weder Getreyde, noch Früchte, noch Gras, noch sonst etwas hervorbringt. Demohngeachtet ist sie volkreich genug, und es fehlt ihr an nichts, was zum Lebensunterhalte nöthig ist; denn es wird ihr aus den übrigen Provinzen alles im Uiberflusse zugeführt. Die Handlung, die deswegen beständig mit dieser Stadt getrieben wird, ist mehr gröser, als, in einer andern peruanischen Stadt, *Lima* ausgenommen. Weil sich auch, wegen den Arbeiten in Bergwerken, vieles Volk hier aufhält, so wird in der Stadt vieles verzehret. Diejenigen Provinzen, welche an Getreyde und Früchten einen Uiberfluß haben, bringen dieselben hieher, und verkauffen sie vortheilhaft. Andere, worinne sich viel Vieh findet, schicken solches ohne Unterlaß hieher, und versorgen die Einwohner damit. Diejenigen Landschaften, wo Tücher und Zeuge gewirkt werden, finden hier einen guten Abgang; und andere, welche europäische Waaren führen, treiben zu Potosi damit eine starke Handlung. Alle solche Waaren werden für Silber in Kuchen oder Stangen, verkauft.

Auffer dieser Handlung findet man auch noch hier die *Aviadoren*. Nemlich gewisse Kaufleute bringen gemünztes Silber hieher; sie versehen damit diejenigen, welche Bergwerke bauen, zu ihren nöthigen Ausgaben, und nehmen dafür Silberkuchen oder Silber in Stangen. Der Handel mit dem Queckfilber, welches zu Schmelzung des Erzes nöthig ist, verdient ebenfalls in Betrachtung zu kommen; das daraus gelöste Geld aber kommt in den königlichen Schatz. Aus dem vielen Silber, welches beständig aus den Bergwerken gehohlt wird, kann man leichtlich urtheilen, wie viel Queckfilber vertthan werden müsse. Vor einer ganz kurzen Zeit, nach welcher man in der Kunst, das Silber zu schmelzen, etwas weiter gekommen ist, und nicht so viel Queckfilber mehr dazu braucht, mußte man auf jegliche Mark Silber eine Mark

Queckſilber rechnen, vielmal auch noch mehr, wenn die Hüttenarbeiter nicht genugſam geſchickt und erfahren waren. Damit man ſich von dem vielen Queckſilber, welches nun zu den Ertzgruben dieſes Berges verwendet worden iſt, und von den groſen Schätzen, die man daraus bekommen hat, einen rechten Begrif machen könne: ſo will ich nur dasjenige anführen, was zween ſpaniſche Schriftſteller davon geſagt haben. Der erſte iſt der Licentiat, *Alvaro Alonſo Barba*, welcher Pfarrer in der Reichsſtadt *Potoſi* geweſen iſt, und im Jahr 1637 von den Metallen geſchrieben hat. Dieſer ſpricht: ſeit dem Jahr 1574, in welchem man in den daſigen Silberbergwerken angefangen hat, das Silbererzt, vermittelſt des Queckſilbers, zu ſchmeltzen, bis auf die Zeit, da er ſein Buch ſchrieb, hat man in die königliche Caſſe zu Potoſi, 204700 und noch mehr Centner Queckſilber gebracht, ohne die groſe Menge desjenigen zu rechnen, welches durch Unterſchleif eingeführt worden iſt. Nun beträgt die Zeit 63 Jahr, folglich kommen auf jegliches Jahr 3249 Centner. Der andere Schriftſteller iſt Don Gaſpao de Eſcalona. Dieſer verſichert in ſeiner peruaniſchen Schatzkämmer. p. 193. ſeit dem Jahr 1574 bis 1638, welches gerade ein Jahr mehr iſt, als die oben gemeldete Zahl, habe man, wie er gewiß wiſſe, aus dieſem Berge 395 Millionen und 619000 Peſos (*) Ausbeute bekommen. Nun beträgt dieſe gantze Zeit 64 Jahr, folglich kam auf jegliches Jahr 6 Millionen 181546 Peſos. Daraus kann man urtheilen, wie anſehnlich die Handlung dieſer Stadt geweſen ſey, und noch ſeyn müſſe, indem für dasjenige, was hier verkauft und verzehrt wird, ſo anſehnliche Summen bezahlt werden. Die gantze Handlung der Stadt beſteht gegenwärtig nur in Silber, als der eintzigen Frucht, welche man aus dem Berge bekommt. Jetzo erhält man zwar nicht ſo reiche Ausbeute wie ſonſt; doch iſt ſie noch ziemlich anſehnlich.

2) Das Corregimient *Tamipa*.

Es fängt ſich ungefehr 18 Meilen weit von der Stadt *la Plata* gegen Südweſten an, und ſtößt an die wilden Indianer, die man *Chiriquanos* nennet. Es iſt an einigen Orten 40 Meilen lang. Das Land bringt einiges Getreyde, Wein und Zuckerrohr hervor.

3) Das

(*) Ein Peſos iſt ungefehr ſo viel als ein Thaler, oder 24 gute Groſchen, eher noch etwas mehr.

3) Das Corregimient. *Porco.*

Es folgt gleich auf die Stadt *Potosi* gegen Westen, und erstreckt sich auf 20 Meilen weit, die Witterung ist hier kalt, das Land hat aber viel gros und klein Vieh. Hier befindet sich das Silberbergwerk *Porco.*

4) Das Corregimient *Tarija* oder *Chichas.*

Dieses liegt von *la Plata* gegen Süden ungefehr 30 Meilen davon. Man findet überall Gold und Silberadern, und unter den letztern ist sonderlich dasjenige berühmt, welches den Namen *Chocagas* führt. An der Grenze dieser Provinz findet man in dem Sande des grosen Flusses *Tipuangs* viel Gold.

5. Das Corregimient *Lipes.*

Etwas weiter gegen Südwesten zu. Man findet hier einige Goldadern, worinne aber nicht gearbeitet wird, ob man schon sieht, daß in vorigen Zeiten daran gearbeitet worden ist. Der Berg S. *Christoval de Acochala* ist wegen seiner reichen Silberadern einer von den berühmtesten in Peru gewesen. An manchen Orten konnte man das Silber gediegen heraus hauen. Jetzo aber sind sie ziemlich in Verfall gerathen, weil es an Leuten dazu fehlt, sonst würde man ohne Zweifel noch eben so viel Ausbeute bekommen, als sonst geschehen ist.

6) Das Corregimient *Amparaes.*

Dieses liegt nicht weit von *la Plata* auf der östlichen Seite. Man hat hier etwas Vieh und viel Getreyde.

7) Die Provinz *Oruro.*

Es liegt gegen Nordwesten von *la Plata.* Die Hauptstadt darinne ist die Stadt von andern Range, *San Phelipe de Austria de Oruro.* Es finden sich hier häufige Gold und Silberadern. Die Silberbergwerke sind noch immer wie sonst, sehr in Ruf, nur daß einige derselben ersaufet sind. Diejenigen, welche die meiste Ausbeute geben, befinden sich auf dem Gebirge *Popo*, 12 Meilen von der ziemlich grosen Stadt *Popo.*

8) Das Corregimient *Pilaga* und *Pospuga* oder *Cinti.*

9) Das Corregimient *Cochabamba.*

Dieses liegt 50 Meilen gegen Südosten von *la Plata*, und 56 von *Potosi.* Die Hauptstadt in derselben, gleiches Nahmens, ist eine von

den

den größten und volkreichsten in Peru, das Land selbst erstreckt sich an einigen Orten auf 40 Meilen. Das Land erbaut so viel Getreide und Früchte, daß man diese Provinz als das Provianthaus des ganzen Erzbißthums, und auch des Bißthums *la Pax* ansiehet. Man findet auch einige Silberbergwerke hier.

10) Das Corregiment *Chaganta*.

Liegt ungefehr 50 Meilen von *la Plata*, auf der nordwestlichen Seite. Es ist wegen der vielen Gold- und Silberbergwerke berühmt. In den ersten wird nicht gearbeitet, wohl aber in den letzten, und diese sind sehr ergiebig.

11) Die Provinz *Paria*.

Sie liegt nordwestlich von *la Plata* auf 70 Meilen weit davon. Sie hat viel Viehzucht, und die hier verfertigten Käse werden durch ganz Peru verführt. Man findet auch einige Silberbergwerke.

12) Das Corregiment *Carangas*.

Liegt 70 Meilen von *la Plata* gegen Westen, und hat über 50 Meilen in die Länge. Sie hat viel Viehzucht, aber wenig Getreide. In den hiesigen Silberadern wird beständig gearbeitet. Eine darunter, welche den Nahmen Turco führt, ist deswegen berühmt, weil sie weisguldenes Erz in sich enthält, welches ordentlich das reichhaltigste ist. Andere Bergwerke werden in den Sandwüsten dieses Landes gefunden, welche gegen die Küsten der Südsee liegen. Wenn man hier in den Sand hinein gräbt, so findet man Stücken Silber, die ganz allein liegen, so daß man hier sonst weder eine Ader noch andre Steine antrift, ausser dem wenigen, was an dem Silber hänget, oder damit vermischt ist. Man nennt solche Stücken *Papas*. Diese Klumpen Silber scheinen nach dem ersten Anblicke recht eigentlich geschmolzenes Silber zu seyn. Das Silber macht einen Klumpen aus; die Erdtheilchen hängen an der Oberfläche desselben, und sind wenig damit vermischt. In Ansehung der Grösse und Gestalt, sind sie verschieden. Einige wiegen 2 Mark, andre mehr, andre weniger. Man hat auch einige gefunden, welche 60, ja auch einen, der 150 Mark gewogen. Ordentlich findet man deren viele an einem Orte beysammen. Allen Vermuthen nach hat man ihren Ursprung, dem häufigen unterirdischen Feuer zuzuschreiben, welches die Metalle schmelzt, und sie also fliessend macht, daß sie durch den erhitzten Sand hindurch laufen, und endlich nach und nach

nach wieder abkühlen, und also in grössern oder kleinern Klumpen ist demselben liegen bleiben.

13) Das Corregimient *Cicacica*.

Es liegt auf der nordlichen Seite von *la Plata* 90 Meilen von derselben, und 40 Meilen von *la Pax*. An einigen Orten ist es über 100 Meilen lang, und die Witterung ist darinne verschieden. Man findet hier zwar einige Silberbergwerke, aber nicht in solcher Menge, sie sind auch nicht so ergiebig.

14) Die Provinz *Atacama*.

Diese macht die Grenzen der Provinz *Charcas* gegen Westen aus, und begreift in sich einen Theil der Küsten an der Südsee. Der vornehmste Flecken *Atacama* liegt über 120 Meilen von *la Plata*. Die Witterung ist hier sehr verschieden, weil dieses Corregiment sehr groß ist. Man findet auch einige wüste Plätze, sonderlich gegen Süden zu, zwischen dem Königreiche Peru und *Chili*.

Das erste Bißthum der *Audiencia Charcas*:
la Pax.

In den Alten Zeiten war die Provinz, worinne jetzo die Stadt *la Pax* liegt, unter dem Nahmen *Chuquigapu* bekannt, welches nach der gemeinsten Meinung der Sprache des Landes, Golderdtheil bedeutet. Im Jahr 1608 wurde das Bißthum darinne aufgerichtet. Es begreift folgende 6 Corregimienter unter sich:

1) Das Corregimient *la Pax*.

Dieses Corregimient erstreckt sich, in Ansehung seines Bezirks, nicht allzuweit. Gegen Osten, in einer Entfernung von 14 Meilen von der Stadt *la Pax*, findet man einen sehr hohen Berg, worinne grosse Schätze verborgen sind. Ein Stück Fels, welches der Donner abschlug, enthielt so reiches Golderzt, daß die Unze zu *la Pax* selbst mit 8 Pesos bezahlt wurde. Es wird aber in dem Berge nicht gearbeitet, weil er beständig und überall mit Eise bedeckt ist. Die Stadt *la Pax* wurde von *Pedro de la Gasca* in der Absicht erbauet, damit, wegen der grossen Entfernung zwischen *Arequipa* und *la Plata*, welche 170 Meilen beträgt, zur Sicherheit der Handlung und Bequemlichkeit der Kaufleute, ein spanischer Ort vorhanden seyn möchte. Sie liegt in einem Thale, durch welchen ein mittelmäßiger Fluß strömet. Wegen der umliegenden Gebirge ist die Witterung hier kalt. Sie hat eine mittelmäßige

Größe und ungleiche Lage, und wegen der Berge keine freye Aussicht. Wenn der Fluß aufgetrieben ist, findet man in dem Sande Goldkörner, welches die in den Bergen verborgene Schätze beweißt. Im Jahr 1730 fand ein Indianer von ungefehr, da er sich die Füsse waschen wolte, ein so besondres grosses Goldkorn, daß der *Marquis* von *Castel Fuerte* dasselbe für 12000 P. sos. kaufte, und nach Spanien schickte, weil er es für ein Kleinod hielt, welches in der That würdig wäre, dem Könige übersendet zu werden.

2) Das Corregimient *Omasugos.*

Es fängt sich gleich auf der nordwestlichen Seite der Stadt *la Pax* an, und erstreckt sich ungefehr 20 Meilen weit. Es ist hier mehr kalt als gemäßiget, und hat gute Viehzucht.

3) Das Corregimient *Pacajes.*

Auf der südwestlichen Seite von *la Pax.* Das Land bringt wenig Getreide und Früchte hervor, hingegen hat es einen Uiberfluß am Viehe. Man findet hier viel Silberadern, es wird aber in den wenigsten gearbeitet, und die meisten sind noch nicht wieder entdeckt worden. Es sind hier auch berühmte Kalkgruben. Es ist sehr weis und durchsichtig, man bedient sich desselben zu Fensterscheiben, und wird in ganz Peru Handlung damit getrieben. Man findet auch hier Marmorbrüche und eine Schmaragdengrube, es wird aber ebenfals nicht darinne gearbeitet.

4) Das Corregimient *Larecaxa.*

Es liegt auf der nordlichen Seite von *la Pax*, und erstreckt sich von Osten gegen Westen auf 118, und von Süden gegen Norden auf 30 Meilen. Die ganze Provinz ist reich an Goldbergwerken, und das Gold ist so vortreflich, daß es 23 Karath und 3 Gran hält.

5) Das Corregimient *Chucuito.*

Liegt ungefehr 20 Meilen gegen Westen von *la Pax.* Das ganze Land ist kalt und unfruchtbar. In der ganzen Provinz findet man sehr viel eingegangne Silberbergwerke. Es gränzt an das westliche Ufer des Sees *Titicaca,* welches der größte unter allen Seen in diesem Theile von America ist. Er hat im Umfange 80 Meilen, und ist von Nordwesten gegen Südosten etwas länglicht. Die Tiefe beträgt an einigen Orten 70 bis 80 Klaftern, und es ergiessen sich in demselben 10 bis 12 grosse Flüsse, die kleinen nicht mitgerechnet. Das Wasser kan

man

man wegen seiner Dicke und üblen Geschmacks nicht trinken. Diese See bildet viele Inseln, und darunter ist sonderlich eine wegen ihrer Grösse merkwürdig. In den alten Zeiten war sie ein Berg. Die Incas liessen denselben platt machen, und davon hat hernach diese See seinen Nahmen, *Titicaca*, bekommen, welches Wort in der Landessprache einen Bleyberg bedeutet. Die *Incas* hatten hier der Sonne einen Tempel gebauet, und den Berg, wie gesagt, abtragen lassen, damit der Ort ein schöners Ansehen bekäme. Dieser Tempel war einer der prächtigsten im gantzen Reiche. Die Wände waren mit goldenen und silbernen Platten überzogen. Hernach waren haussen vor demselben sehr grosse Schätze aufgehäuft. Denn die Einwohner aus allen Provintzen des Reichs, besuchten ihn jährlich einmal, und brachten Gold und Silber und Edelgesteine, als ein Opfer mit sich. Man hält gemeiniglich davor, daß die Indianer, da sie die Spanier in ihrem Lande aubauen sahen, und gewahr wurden, wie dieselben alle solche Kostbarkeiten zusammen suchten, die gedachten Schätze in den See geworfen haben. Auf gleiche Weise verfuhren sie auch mit vielen solchen Schätzen in *Cuzco*, und sonderlich mit der berufnen goldnen Kette, die der *Inca Huayna Capac* verfertigen ließ, als seinem erstgebohrnen Printzen sein Nahme gegeben wurde. Diese sollen sie in einen andern See geworfen haben, der sich ungefehr 6 Meilen gegen Süden von *el Cuzco*, in dem Thale *Orcos* befindet. Einige Spanier suchten zwar, sie wieder heraus zu holen; allein ihre Mühe war wegen der grossen Tiefe des Sees vergebens.

6) Das Corregimient *Paucarcolla*.

Gegen Süden grenzt es mit *Chucuito*. Die Hauptstadt darinne ist *Puno*, eine Stadt vom andern Range. Sie hat viel Viehzucht, und in den Bergen findet man viel Silberadern. Das vornehmste Bergwerk, woraus das Silber öfters gediegen gehauen wurde, ist ersoffen, und in den übrigen wird wenig gearbeitet.

Das andere Bißthum der *Audiencia Charcas*,

Santa Crux de la Sierra.

Dieses Bißthum und Proving ist eine Statthalterschaft und Generalhauptmannschaft. Sie ist zwar ziemlich groß, wird aber wenig von Spaniern bewohnt. Der größte Theil von den dazu gehörigen wenigen Dorfschaften, besteht aus Mißionen, die unter dem Nahmen

Para-

Paraguay begriffen werden. Zu den Mißionen, welche die Jesuiten in den Landschaften dieses Bißthums haben, gehören die indianischen so genannten *Chiquitos*. Die Ländereyen dieser Indianer liegen zwischen *Santa Crux de la Sierra* und dem See *Xarages*, woraus der Fluß *Paraguay* entspringt, der sich hernach mit andern Flüssen vereiniget, und endlich den Strom *la Plata* bildet. Diese Indianer haben gute Gemüther und sind herzhaft. Dieses haben sie bey verschiedenen Gelegenheiten gezeiget, da sie sich gegen die Streifereyen der Portugiesen, ihrer Nachbarn, vertheidigen musten. Die *Chiquitos* befreyeten sich nicht nur durch ihre Tapferkeit von der Knechtschaft; sondern zwang auch die Portugiesen, ihre Unternehmungen aufzugeben und sich zurücke zu ziehen. Die Waffen, deren sie sich bedienen, sind vergiftete Pfeile. Sie haben auch Schießgewehr und Schwerdter. Ihre Sitten und Gewohnheiten sind mit denjenigen fast einerley, welche bey den übrigen Indianern gefunden werden. An diese *Chiquitos* grenzen andere unglaubige Indianer, mit Nahmen *Cheriguanaes*. Diese wollen die römischcatholische Religion durchaus nicht annehmen, weil sie, ihrem Vorgeben nach, nicht von den Regeln der gesunden Vernunft abweichen wollen. Indessen pflegen sich doch die Jesuiten in ihre Landschaften zu begeben, und ihnen zu predigen.

Santa Crux de la Sierra, ist die Hauptstadt dieser Statthalterschaft, eine Stadt vom ersten Range. Sie liegt gegen Osten von *la Plata* ungefehr 80 bis 90 Meilen entfernt. Sie ist nicht gros und nicht ordentlich gebauet, und fehlt ihr die Einrichtung, die zu einer Stadt vom ersten Range erfordert wird.

Misque Pocona, eine andere Stadt vom ersten Range, 80 Meilen weit von der erstern, gegen Nordwesten. Hier hat der Bischoff seinen ordentlichen Aufenthalt, sie ist aber von Einwohnern fast gänzlich entblößt.

Das dritte Bißthum der *Audiencia Charcas*, el *Tucuman*.

Diese Statthalterschaft fängt sich auf der süblichen Seite von *la Plata* an. Gegen Osten grenzet sie an *Paraguay* und *Buenos Ayres*; gegen Westen an das Königreich *Chili*; und gegen Süden hat sie die magellanischen Lande. Dieses Land wurde von den Spaniern im Jahr 1549 erobert; die Indianer, als die Einwohner desselben, waren auch leichte

leichte zu bewegen, und bequemten sich in kurzen zum Gehorsam. Man erbaute damals 4 Städte vom ersten Range, nemlich folgende:

Santjago del Eſtero. Sie liegt ungefehr 160 Meilen weit von *la Plata* gegen Süden.

San Miguel del Tucuman liegt 25 bis 30 Meile weit von der vorigen.

Nueſtra Senjora de Talavera, ungefehr 40 Meilen von *San Jago,* gegen Nordweſten.

Cordova de la Nueva Andaluciq, liegt 80 Meilen von *San Jago* gegen Süden.

Dieſe Statthalterſchaft erſtreckt ſich von Norden gegen Süden auf mehr als 200; von Oſten gegen Weſten aber an einigen Orten beynahe auf 100 Meilen. Diejenigen Gegenden, durch welche Flüſſe ſtrömen, ſind fruchtbar. In den dicken Wäldern findet man Wachs und wild Honig. In den warmen Gegenden erbaut man Zuckerrohr, und Baumwolle, aus welcher man Zeuge verfertiget. Die größte Handlung aber beſteht in Mauleſeln, die in den Thälern und graßreichen Wieſen weiden. Dieſe werden an ganzen Heerden durch ganz Peru verführt, und die meiſten Provinzen dieſes Reichs verſehen ſich von hieraus damit, weil die tucumanniſchen Mauleſel beſſer abgerichtet, und ſtärker ſind als diejenigen, die man in andern Provinzen findet.

Das vierte Bißthum der *Audiencia Charcas,* el *Paraguay.*

Dieſe Statthalterſchaft begreift diejenigen Landſchaften in ſich, welche gegen Süden von *Santa Crux de la Sierra,* und gegen Oſten von *Tucuman* liegen. Gegen Süden ſtößt ſie an *Buenos Ayres,* und gegen Oſten an die Hauptmannſchaft *San Vincente* in Braſilien. Die ſpaniſchen Plätze in dieſer Statthalterſchaft, beſtehen aus der Stadt vom erſten Range, *la Aſſuncion,* der Stadt vom andern Range, *Rica,* und andern Flecken und Dörfern. Beyde Städte, und auch die übrigen, ſind klein und nicht ordentlich gebauet. Die Häuſer ſind mit Gärten und Bäumen ohne Ordnung untermiſcht. In der Stadt vom erſten Range hat der Statthalter ſeinen Aufenthalt. Die Mißionen der Jeſuiten machen in dieſer Provinz die größte Anzahl der bewohnten Plätze aus. Sie erſtrecken ſich nicht nur über die Provinz dieſes Nahmens, ſondern auch größtentheils über *Santa Crux de la Sierra, Tucuman* und *Buenos Ayres:* Die Witterung dieſer

Land-

Landschaften ist größtentheils gemäßiget, und bringen allerhand Früchte in grosser Menge hervor, besonders viel Baumwolle. Die Jesuiten treiben die Handlung mit diesen Waaren, und verschaffen den Indianern andere dafür. Jegliche Mißion hat ihren *Governador*, ihre Regidoren und ihre Alcalden. Jeglicher Flecken hat sein eignes Zeughaus, worinne Schieß- und anderes Gewehr aufbehalten wird, womit sich die Soldaten bewafnen, wenn sie entweder wider die Portugiesen, oder ungläubige Indianer zu Felde ziehen müssen. Sie werden alle Festtage in den Waffen geübt, und wenn sie tüchtig sind, die Waffen zu führen, werden sie in jeglichen Flecken in Compagnien eingetheilet, und diese haben ihre ordentliche Befehlshaber. Man erwählt hierzu diejenigen, welche es wegen ihrer Klugheit und guten Aufführung verdienen. Nach Beschaffenheit ihres Ranges tragen sie auch ganz prächtige Kleidung mit goldnen und silbernen Gallonen, und mit dem Nahmen oder Wahlspruche ihres Fleckens. In allen Flecken findet man Schulen, worinne die Knaben Lesen und Schreiben lernen; sie werden auch in der Musik und Tanzen unterrichtet, und sie gelangen in solchen Künsten zu einer grossen Fertigkeit. Damit es den Indianern an keiner Sache, die sie nöthig haben, fehlen möge: so sind die Pfarrer besorgt, sie mit Eisenwerke, Zeugen und andern Waaren zu versehen. Wenn die Indianer dergleichen nöthig haben: so kommen sie zu ihrer Pfarrer, und geben ihm davor Wachs, weil solches hier sehr häufig gefunden wird, oder andere inländische Waaren. Was die Pfarrer davor bekommen, das übermachen sie an den *Superior* der Mißionen, und dafür werden neue Waaren angeschaft, um zu verhindern, daß die Indianer nicht in andere Landschaften gehen. Die Mißionarien geben überhaupt nicht zu, daß irgend jemand von denjenigen, die in Peru wohnen, er mag zu den Spaniern oder einer andern Nation gehören, in ihre Mißionen in *Paraguay* komme, vermuthlich um die Indianer in ihrem blinden Aberglauben und einfältigen Gehorsam zu erhalten, denn diese leben jetzo des festen Vertrauens, daß alles, was ihre Pfarrer ihnen rathen, gut, und hingegen alles, was sie ihnen abrathen, böse sey. Dieses würde aber nicht geschehen, wenn sie durch den Umgang mit andern Völkern klüger würden.

Gold- und Silberbergwerke findet man zwar in diesem Theile von *Paraguay* nicht, den die Jesuiten beständig inne gehabt haben: man trift aber dieselben in den daran stossenden Ländern und Herrschaften des Königs in Spanien an. Die Portugiesen ziehen den Nutzen daraus, weil sie bis an den See *Xarages* gedrungen sind, an welchen man vor ungefehr 30 oder 40 Jahren einige reiche Goldadern entdecket hat. Die Portugiesen haben sich dieselben aus keinem andern Grunde zugeeignet, als weil sie dieselben einmal in Besitz genommen hatten. Sie haben sich auch in dem Besitze behauptet, weil die spanischen Räthe sich wegen der Mittel nicht vereinigen konten, wie man sie hinwegbringen solte. Sie wolten nicht in einen öffentlichen Krieg ausbrechen, damit nicht der Friede und das gute Verständnis zwischen zween Völkern gestört werden möchte, welche einander so nahe wohnten, und bisher mit einander in Freundschaft gestanden hätten.

Das fünfte Bißthum der *Audiencia Charcas*, *Buenos Ayres*.

Diese Statthalterschaft und Bißthum fängt sich gegen Osten an den östlichen und südlichen Küsten dieses Theils von America an, und grenzt gegen Westen an *Tucuman*, gegen Norden aber an *Paraguay*, und gegen Süden an die magellanischen Länder. Die dazu gehörige Landschaften bilden das Ufer des Stroms *la Plata*, oder des Silberflusses. Er hat seinen Nahmen daher, weil *Sebastian Gaboto* im Jahr 1526 in demselben hinein lief, und ungefehr 200 Meilen darinne fortfuhr, bekam er von den Indianern, die er antraf, einige silberne Platten, die sie in den peruanischen Provinzen geholet hatten, und von welchen er glaubte, daß sie dasselbe aus der Gegend des Flusses bekämen; daher gab er diesem Flusse den Nahmen *la Plata*, oder der Silberfluß. Er fängt sich in Peru bey der Stadt dieses Nahmens an, auf der südlichen Breite von 19 Grad, lauft hernach gegen Südost, bis er sich mit dem Flusse *Paraguay* vereiniget. An seiner Mündung ist er sehr weit, einige sagen 50, andere aber nur 30 Meilen, sie ist aber wegen der Sandbänke gefährlich zu befahren.

Nuestra Senjora de Buenos Ayres, die Hauptstadt in dieser Statthalterschaft. Sie liegt an einem Orte mit Nahmen *Cabo Blanco*, oder das weiße Vorgebirge, an dem südlichen Ufer des Stroms *la Plata*, dichte an einem kleinen Bache. Ihre Breite ist 34 Grad, 34 Min. 38 Sec. südlich. Sie hat ihren Nahmen von der schönen Luft- und Himmelsgegend, die hier angetroffen wird. Die Stadt ist mittelmäßig gros, und rechnet man in derselben auf 3000 Häuser, welche sowol von
Spa-

Spaniern als von vermischten Geschlechtern bewohnet werden. Ihrer Gestalt nach, ist sie länglicht und schmal; die Gassen sind gerade und haben eine zureichende Breite. Auf der Seite an dem kleinen Flusse oder Bache liegt eine Festung, worinne der Statthalter seinen beständigen Aufenthalt hat. Hier und in den übrigen Festungen liegen ungefehr 1000 Mann Feldsoldaten. In den neuern Zeiten hat man viel Häuser von Kalk und Ziegeln gebauet, und mit Ziegeln gedeckt, denn die alten waren nur von Erde aufgeführt und mit Strohe gedeckt. Die Witterung ist eben so beschaffen, wie sie in Spanien zu seyn pflegt, und die Jahreszeiten werden auf gleiche Weise eingetheilt. Die Grosse Fruchtbarkeit der Gegend verursacht, daß hier das Fleisch so häufig und fruchtbar gefunden wird, daß man keine Stadt in Europa und Indien damit vergleichen kan. Die vornehmste Handlung besteht in den Häuten von Rindviehe und wilden Pferden. Diese waren sonst so häufig, daß man ein Pferd vor einen Pesos, und eine Kuh vor 4 Realen kaufen konte.

Das Vorgebirge, *Santa Maria,* an der Mündung des Stroms *la Plata,* an der nordlichen Küste, liegt 77 Meilen weit von *Buenos Ayres.* Der Strom ist nicht so tief, daß grosse Schiffe bis an diese Stadt kommen könten. Sie bleiben daher in einer Bay an der Küste. Die ostliche liegt 9 Meilen weit von dem Vorgebirge, und führt den Nahmen *Mal Donada.* Die andere wird von einem daran stossenden hohen Berge, *Moyte Video,* genennt, und liegt nicht viel über 20 Meilen weit von diesem Vorgebirge.

Ferner gehören zu dieser Statthalterschaft folgende drey Städte:

Santa Fe, welche ungefehr 90 Meilen weit von *Buenos Ayres* liegt, an dem Ufer des Stroms *la Plata,* zwischen diesem und dem Flusse *Salado,* der hernach durch *Tucuman* fließt, und endlich in den *la Plata* fällt. Die Stadt ist nicht gros, und ihre Häuser sind schlecht gebauet.

Die Stadt *Corientes,* liegt an dem ostlichen Ufer des Stroms *la Plata,* zwischen diesem und dem *Parama,* ungefehr 100 Meilen von *Santa Fe* gegen Norden, und stößt an die Statthalterschaft *Paraguay.* Sie ist noch kleiner und schlechter gebauet als *Santa Fe,* und hat von einer Stadt vom ersten Range weiter nichts als den Nahmen.

Die Stadt *Monte Video,* ist in den neuern Zeiten erbauet worden, und liegt an der Bay, von welcher sie den Nahmen hat.

Was die Indianer um *Buenos Ayres* und die übrigen Städte anbetrift, so haben sie insgesamt treflich reuten gelernt, und wissen mit allen Arten von Gewehr, womit man hauen und stechen kan, ungemein wohl umzugehen, ob sie gleich in dem Gebrauche der Feuerröhre unerfahren sind, welche die Spanier ihnen durchaus nicht in die Hände kommen lassen. Wenn die Engländer die Absicht haben sollten, die spanische Macht in Amerika gänzlich zu Grunde zu richten: so scheint hierzu kein Mittel tüchtiger zu seyn, als daß sie es mit diesen Indianern und denen in *Chili* halten, und ihnen den gehörigen Beystand leisten. Sie übertreffen nicht nur an Anzahl diejenigen, so weiter gegen Süden wohnen: sondern sind ihnen auch an Muth und Kräften weit überlegen.

Cap. III.
Von dem Königreiche Chili oder Chile.

Das weitläuftige Königreich *Chile* begreift in sich den Theil von Amerika, der sich von den äusersten Grenzen von Peru gegen den Südpol zu, bis an die magellanische Meerenge erstreckt. Dieses beträgt eine Länge von 530 Seemeilen. Beyde Königreiche werden durch die Wüste *Atacama* voneinander unterschieden. Diese Wüste erstreckt sich zwischen der letztern peruanischen Provinz gleiches Nahmens, und der ersten Landschaft von *Chile*, dem Thale *Chapayapu*, oder wie es verderbt ausgesprochen wird, *Copyapo*, 80 Meilen weit; und diese ganze Gegend ist überall eben so beschaffen; wie die Wüste *Sechura*, die 28 bis 30 Meilen gros ist. Gegen Osten dehnt sich dieses Königreich an einigen Orten bis an die Grenzen von *Paraguay* aus: doch finden sich dazwischen einige Wüsteneyen. Das übrige auf dieser Seite geht bis an die Grenzen *Buenos Ayres*. Gegen Westen grenzt *Chile* an die Südsee, nämlich von dem 27 Grade vom Südpole an, wo ungefehr *Copyapo* liegt, bis auf den 53 Grad, 30 Minuten. Dasjenige aber, was man eigentlich zu diesem Königreiche rechnen kan, und welches von Spaniern bewohnt wird, erstreckt sich von *Copyapo* bis an die grosse Insel *Chiloe*, deren südliche Spitze in der Weite von 44 Graden liegt. Von Westen gegen Osten begreift das eigentliche *Chile* den Raum in sich, der zwischen der hohen *Cordillera* bis an die Südsee sich erstrecket, und ungefehr 30 Meilen gros ist.

Nachdem die Spanier nach Peru gekommen waren, und die vornehmsten Provinzen erobert hatten: so nahm der Marschall, *Don Diego de Almargo,* die Besorgung von *Chili* über sich. Zu Anfange des Jahrs 1534 reißte er in dieser Absicht von *Cuzco* ab, und gieng über die beschneute *Cordillera.* Auf denselben erfrohren die meisten Indianer, und viele Spanier von seinem Gefolge. Endlich langte er zu *Copyapo* an; die Indianer nahmen ihn daselbst friedlich auf, und unterwarfen sich ihm. Von hier fieng er an, auch die übrigen Völkerschaften unter das Joch zu bringen, die sich dem *Incas* noch nicht unterworfen gehabt hatten. Er war auch in seinen Unternehmungen sehr glücklich, ob er schon einige Mühe hatte, den Widerstand der Indianer zu überwinden. Indessen wurde er von dem Könige zum Statthalter des Landes ernennet, welches sich 100 Meilen weiter gegen Süden erstrecket, als das Gebiete des Marquisen *Don Francisco Pizarro.* Nun entstunden zwischen diesen beyden Personen Streitigkeiten wegen ihren Statthalterschaften, wo sie sich anfangen, oder wo ihre Grenzen seyn sollten. *Almagro* war begierig in dem Besitz seines Rechtes zu treten, und er verlangte, daß auch die Stadt *Cuzco* mit zu seiner Statthalterschaft gehören solte. Er stellte daher seine Eroberungen ein, und begab sich in diese Stadt; hier aber fand er, statt der gesuchten Befehlshaberschaft und Gewalt, den Tod: denn *Hernando Pizarro* ließ ihn, unter dem Scheine der Gerechtigkeit, hinrichten. Durch diesen Zufall wurde die Eroberung des Königreichs ausgesetzt, bis auf das Jahr 1541. In diesem Jahre ernennte der General *Don Francisco Pizarro,* den *Pedro de Valdivia* zum Generale darüber. Derselbe gieng also von neuen in dieses Land, und erbauete die vornehmsten Städte und Flecken in demselben. Im Jahr 1548 erlangte er die völlige Würde eines Statthalters, welche ihm der Präsident in Peru, der *Licentiat, Pedro de la Gasca,* ertheilte. Bey der Eroberung dieser Landschaften fielen öftere und blutige Gefechte mit den dasigen Indianern vor. Im Jahr 1551 entstund endlich eine allgemeine Empörung unter ihnen, und er starb von ihren Händen, als ein tapferer Soldate, im Gefechte. Viel andere spanische Soldaten, die ihm gefolget waren, hatten ein gleiches Schicksal. Sein Andenken dauert indessen noch immer in dem Nahmen eines Platzes fort, den er in diesem Königreiche angeleget hat, und welcher noch jetzo den Nahmen *Valdivia* führt.

Di

Die heidnische Indianer in *Chile*, und unter diesen vornemlich die Araucer, Pulcheren und Penguincheen, welche die Ufer des Flusses *Imperial* auf 25 Meilen weit nordwärts bewohnen, sind die mächtigsten und dem spanischen Nahmen in diesem Lande unter allen am fürchterlichsten. Sie haben nicht nur lange Zeit der spanischen Macht Trotz geboten, sondern auch öfters ihre Länder verheeret, auch sich bis zu dieser Zeit in Freyheit erhalten. Ihre Macht ist auch sehr ansehnlich, da sie auf 3000 Mann, davon der größte Theil Reuterey ist, ins Feld stellen können. Sie sind auch jederzeit geneigt, sich wider die Spanier zu setzen, und es darf sich nur einer unter ihnen verlauten lassen, daß er Krieg wider die Spanier verlange; so fangen sie denselben ohne Verzug an. Es ist bewundernswürdig, wie sie dabey alles geheim zu halten wissen, und man hat niemals gesehen, daß ihr Unternehmen durch jemanden von ihren Bundsgenossen entdeckt worden ist. Ihre Waffen sind ordentlich, grosse Lanzen, die sie auch am besten zu führen wissen, Pfeile und andre mehr, die sonst unter ihnen gewöhnlich sind. Und eben diese kriegerische Gemüthsart der Indianer ist Ursache, daß die spanischen Plätze bisher nicht so sehr anwachsen können, als man es von der Grösse des Landes, und von der Anmuthigkeit und Reichthümern desselben wohl vermuthen solte.

Diese Statthalterschaft und Generalhauptmannschaft begreift 4 besondere Statthalterschaften und 11 Corregimientse in sich. Ihre Nahmen sind folgende:

Besondere Stattalterschaften des Königreichs *Chile*.
1. *Maestria de Campo del Regno de Chile*. 2. *Valparayso*.
3. *Valdivia* und 4. *Chiloe*.

Die Corregimiente des Königreichs *Chile* sind:
1) Santjago. 2) Rancagua. 3) Colchagua.
4) Chillan. 5) Aconcagua. 6) Melipilla.
7) Quillota. 8) Coquimbo. 9) Copyapo und el *Guasco*.
10) Mendoza. 11) *La Concepcion*.

Maestria de Campo de Regno de Chile.

Zu dieser Statthalterschaft gehört das Kriegswesen in den Grenzplätzen und Grenzfestungen. Diese sind:

Arauco, wo der Oberste oder *Maestre de Campo*, seinen beständigen Aufenthalt haben muß.

Santa

Santa Juana Puren, Los Angeles, Tucapel und _Vumbel_. Damit man dieses recht verstehe, so muß man wissen, daß nur 5 Meilen weit von der südlichen Seite, der Bay _Concepcion_, der Fluß _Biobio_, sich in die See ergießt. Nun haben die heidnischen Indianer diejenigen Landschaften inne, die dem gedachten Flusse gegen Süden, und auch an dem Ursprunge desselben liegen. Deswegen hat man ihnen die Festungen entgegen gesetzt, und sie mit einer zulänglichen Besatzung, mit Waffen und andern Kriegsnothwendigkeiten versehen; und diese Festungen liegen von der Seeseite an dem Flusse hin. Zunächst an der See, auf der südlichen Seite des Flusses _Biobio_ liegt die Festung _Arauco_. Die übrigen liegen weiter gegen Osten hin, bis an das Gebirge _Tucapel_, an welchen sich die letzte Festung befindet. Dadurch suchet man nun die Frechheit und den Stolz der Indianer im Zaume zu halten, und den spanischen Plätzen Sicherheit zu verschaffen. Der Oberste ist verbunden, alle diese Festungen zu besuchen, und ihnen zu Hülfe zu kommen, wenn es die Noth erfordert. In seiner Abwesenheit aber vertritt ein Hauptmann der Besatzung seine Stelle.

Die Statthalterschaft _Valparayso_.

Sie ist in der Ordnung die zweyte, und steht unter einem Statthalter, der zugleich ein Befehlshaber über die Soldaten ist.

Der Hafen _Valparayso_ liegt in dem 33 Grad, 2 Min. 36¼ Secunden südlicher Breite, und in dem 304 Grad, 11 Min. 45 Sec. der Länge von der Mittagslinie des _Pico de Teneriffa_. Der Platz an diesem Hafen, den die Spanier erbauet haben, hatte einen geringen Anfang. Die Einwohner in _Sant Jago_ richteten hier nur einige Buden auf, worinne sie die Früchte und Waaren in Verwahrung brachten, welche die Fahrzeuge nachgehends nach _Callao_ führen solten, weil dieser Hafen der Stadt am nächsten liegt, nämlich etwan 20 Meilen von ihr. Damals wohnten hier nur diejenigen Leute, welche die Besitzer der Schiffe und Waaren hieher setzten, damit sie die Niederlage besorgen, und dasjenige übernehmen möchten, was man ihnen überschickte. Diese Leute nahmen hernach ihre Weiber und Kinder mit hieher, welchen noch andre Personen folgten; und so hat der Ort immer mehr zugenommen. Jetzo ist er schon gros, und begreift viel Einwohner in sich. Er hat aber wegen der Berge eine schlechte Lage, und die Wellen schlagen öfters bis an die Häuser. Der Befehlshaber hat hier seinen Aufenthalt, der das Kriegswesen besorgt. Unter ihm stehen die Feldsoldaten, die in den Festungen dieses Hafens zur Besatzung liegen, wie auch die Einwohner dieses und andrer hieher gehöriger Oerter. Jetzo laufen alle Schiffe aus *Callao* in diesem Hafen ein, welche in den beyden Königreichen Handlung treiben. Sie laden in diesem Hafen Weitzen, Unschlitt, Corduan, hanfne Stricke, und getrocknete Früchte, womit sie nach *Callao* zurück kehren.

Die Statthalterschaft *Valdivia*.

Sie hat zu ihrem Statthalter ebenfals einen solchen Befehlshaber, den der König, wie die vorhergehenden, ernennet. Sowol dieser Platz, als auch die übrigen Festungen an dem Flusse, sind mit den nöthigen Besatzungen versehen. Die Stadt *Valdivia* liegt am Ufer des Flusses. Die Einwohner sind nicht allzuzahlreich; doch wohnen einige freundschaftliche Indianer in einer Vorstadt, und in einem nahe dabey liegenden Flecken.

Die Statthalterschaft *Chiloe*.

Die grosse Insel *Chiloe*, welche diese Statthalterschaft ausmacht, liegt zwischen dem 41 und 44 Grad süder Breite. Die Einwohner derselben sind sehr zahlreich, und bestehen aus Spaniern, Mestizen und christlichen Indianern. Sie hat einen Statthalter, der zugleich das Kriegswesen besorgt. Dieser hat seinen Aufenthalt in *Chacao*, welches der vornehmste Hafen der Insel ist, und worinne man eine zureichende Besatzung findet. Die Stadt führt den Nahmen einer Stadt vom ersten Range.

Calbuco, eine andere geraumere und grössere Stadt weiter im Lande. Hier befindet sich ein *Corregidor*. Ausser der Kirche findet man hier auch 2 Klöster und ein Jesuitercollegium.

Das Königreich *Chile* besoldet beständig 500 Feldsoldaten, welche in *Valparayso*, in einer Festung bey der Stadt *Concepcion*, und in den Grenzfestungen zur Besatzung liegen. Die eine Hälfte davon besteht aus Fusvolk, die andere aus Reuterey. Ehemals bestund die Kriegsmacht hier aus 2000 Mann. Weil aber zu ihrem Unterhalte so viel Kosten erfordert wurden; so sahe man sich genöthiget, sie zu vermindern, und ordentlich nur so viel Soldaten zu halten, als jetzo angezeigt worden. Zum Unterhalte dieses Heers muß *Lima* jährlich ein sogenanntes Situado von 100000 Pesos hieher schicken. Die eine Helfte davon besteht im Gelde, und die andre Helfte in Zeugen und Waaren. Von der ganzen Summe werden jährlich 6 bis 8000 Pesos abgezogen, wovon

ein

ein Theil zur Erhaltung der Festungen an den Grenzen angewendet wird. Nunmehro folgen die 11 Corregimienter.

1) **Das Corregimient Sant Jago.**

Dieses Corregimient ist einzig und allein in die Ringmauern der Stadt *Sant Jago* eingeschlossen. Diese Stadt liegt in dem 33 Grad, 40 Minuten südlicher Breite, 20 Meilen von dem Hafen *Valparayso* in der Südsee, welcher ihr am nächsten ist. Die Gegend und Lage ist so vortheilhaft, als man sich nur vorstellen kan. Von Osten gegen Westen erstreckt sich die Stadt ungefehr auf 1000 Wisen, von Norden gegen Süden aber auf 600. Die Gassen sind alle ziemlich breit, gepflastert und schnur gerade. Einige davon gehen gerade von Osten gegen Westen, und andere von Norden gegen Süden. Die Häuser sind alle nur 1 Stockwerk hoch, und von ungebrannten Ziegeln aufgeführet, welches wegen der vielen Erdbeben nöthig ist. Sie hat verschiedene Kirchen und Klöster, und rechnet man in der Stadt auf 4000 Familien, welche fast die Hälfte Spanier sind. Es befindet sich auch hier eine königliche *Audiencia*.

Die Länder umher sind sehr fruchtbar, und hat man einen Uiberfluß an Lebensmitteln.

In der homannischen Karte von dem Königreiche *Chile* findet man eine Abbildung derselben.

2) **Das Feldcorregimient *Rancagua*.**

Man nennt es deswegen so, weil die Einwohner desselben auf dem Felde zerstreuet wohnen, und keinen ordentlichen Flecken oder Dorf ausmachen. Es mögen überhaupt in dem ganzen Corregimiente 1000 Einwohner seyn.

3) **Das Corregimient *Colchagua*.**

Es ist in allen eben so beschaffen, wie das vorhergehende, ausser daß die Einwohner etwas zahlreicher sind.

4) **Das Corregimient *Chillan*.**

Chillan, ist ein Ort, der den Nahmen einer Stadt vom ersten Range führt, ist aber gar nicht gros. Die Anzahl der Einwohner besteht aus 2 bis 300 Personen, darunter wenig Spanier sind.

5) **Das Corregimient *Acancagua*.**

Acancagua ist ein sehr kleiner Ort, gleich an der *Cordillera*. Im Jahr 1741 ward der Grund zu einer neuen Stadt gelegt, Nahmens *San Philipe el Real.*

6) Das Corregimient *Melipilla*, ist wie das vorige.

7) Das Corregimient *Quillota*, ist auch sehr klein.

8) Das Corregimient *Coquimbo* oder *la Serena*.

Es liegt in der südlichen Breite von 24 Grad, 54 Min. 10 Sec. Die Stadt liegt ungefehr ¼ Meile weit von dem Strande der Südsee, in die herrlichste Gegend eines Thales. Sie ist zwar gros, hat aber sehr wenig Einwohner, denn man rechnet nur 4 bis 500 Familien. Die Häuser sind alle von Erde aufgeführt und mit Strohe gedeckt. Bey jeglichen befindet sich ein grosser Garten.

9) Das Corregimient *Copyapo*.

Copyapo ist ein schlecht eingerichteter Flecken, 12 Meilen von der Seebuse.

Guasco, ein guter Hafen, liegt ungefehr 30 Meilen südlicher, ist aber fast gänzlich unbewohnt.

10) Das Corregimient *Mendoza*.

Die Stadt dieses Nahmens liegt auf der ostlichen Seite der *Cordillera*, ungefehr 50 Meilen von *Sant Jago*. Sie ist gros, und die Einwohner mögen sich ungefehr auf 200 Familien erstrecken.

San Juan de la Frontera, auf eben dieser Seite, 30 Meilen von *Mendoza* gegen Norden, der sie auch in allen Stücken gleich ist.

San Luis de Lojola, 50 Meilen gegen Osten von *Mendoza*, ist sehr klein, und hat kaum 25 Häuser und 50 bis 60 Einwohner, dem ohngeachtet hat sie ein Jesuitercollegium und Dominicanerkloster.

11) Das Corregimient *Concepcion*.

Die Stadt *Concepcion* liegt im 36 Grad, 43 Min. 15 Sec. südlicher Breite, und im 303 Grad, 18 Min. 30 Sec. der Länge von *Pico* zu *Teneriffa*, an der südwestlichen Seite einer schönen Bay. Sie ist nicht gros, und die Häuser sind alle von Erde oder ungebrannten Ziegeln aufgeführet und mit Ziegeln gedeckt. Alle Einwohner in den herum befindlichen Plätzen und Dörfern machen zusammen verschiedene Haufen Soldaten aus, wovon einige besoldet werden, andere aber nicht. Sie ergreifen die Waffen wider die benachbarten Indianer, so oft dieselben durch ihre Empörungen dazu Gelegenheit geben. Die Einwohner der Stadt selbst bestehen meistens aus Spaniern und Mestizen, und leben alle untereinander einträchtig und verträglich. Die Witterung ist hier völlig so, wie sie in Spanien ordentlich zu seyn pflegt, daher auch die hie-

sige

ſige Gegend bey nahe eben ſolche Früchte hervorbringt, beſonders eine
groſe Menge Weizen. Die Handlung könnte ſehr anſehnlich ſeyn,
wenn das Land ſatſam bewohnt wäre. Die Waaren, welche man
hier holt, ſind: Unſchlitt, Fett, Corduan, Schuſohlen, vortrefliche
Butter und Kühmilch, Wein und gebacken Obſt. Man bringt hingegen hieher Fries, Tuch, einige europäiſche Zeuge, Eiſen und Gewürze.

Die Bay iſt ſo geraum und tief, daß ihr keine andere an der ganze
Küſte gleich kommt, und iſt ungefehr 3¼ Meilen länger worden gegen
Süden, und von Oſten gegen Weſten 3 Meilen breit. Sie hat 2 Ein-
fahrten, die öſtliche, welches die ſicherſte, und die weſtliche zwiſchen der
Inſel *Quiriquina* und der Landſpitze *Talcaguano*. Die erſtere iſt 2
Meilen breit, die andre aber noch nicht ganz eine halbe Meile. In
der Bay befinden ſich 3 Häfen, worinne die Schiffe ankern können.
Der erſte mit Nahmen *Tome*, befindet ſich gegen Oſtweſten unmittelbar an der Küſte des feſten Landes. Der vornehmſte iſt *Talcaguano*,
in einer Bucht, welchen die Küſte bildet, und worinne faſt alle Schiffe
ankern. Der dritte heißt *Cerillo*, welcher aber nicht ſonderlich, theils
wegen dem Winde, theils wegen des ſchlammichten Boden.

Die Einwohner aller dieſer Corregimienter machen unter einander verſchiedene Fahnen oder Haufen von Soldaten aus. So oft es
die Umſtände erfordern, finden ſie ſich auf dem ihnen zukommenden
Waffenplatze ein. Zu *Valparogho* gehören die Soldaten in *Santjago*, *Quillota*, *Melipella*, *Acancagua* und *Racancagua*. Dieſe machen zuſammen 9 Fahnen oder Compagnien von Fusvolk und Reuterey
aus, und alle mit einander mögen ſich auf 2 bis 3000 Mann erſtrecken.
Rancagua muß mit ſeinen Leuten auch *Santjago* und *Colcha* zu Hülfe
kommen, und *Chillan* muß der Stadt *Concepcion* beyſtehen. Die
Befehle kommen in ſo kurzer Zeit herum, daß ſich die Soldaten ſehr
bald an dem Orte einfinden können, wo ſie zuſammen kommen ſollen.
Denn ſie haben keine weitere Zurüſtung nöthig, als daß ſie Pferde
nehmen und fort reuten, wie ſie beſtändig in dieſem Königreiche zu
thun gewohnt ſind, nämlich in Galloppe.

Allen dieſen Nachrichten will ich nur noch kürzlich etwas von den
Bergwerken und Metallen derſelben beyfügen, als wovon dieſes Königreich einen Uiberfluß hat.

Die vornehmſte darunter ſind die Gold- und Kupfergruben,
und dieſe will ich kurz beſchreiben. Das berühmteſte Goldbergwerk in

Chile ist unter dem Nahmen *Petarca* bekannt gewesen. Es befand sich an einem Orte gegen Osten von *Santjago*. Das Gold, welches man daraus bekam, war sonst sehr vortreflich, und wurde in groser Menge gefunden. Nachgehends aber hat sich seine Güte verringert, indem es in das weißliche gefallen ist, und daher auch der Werth desselben um ein merkliches abgenommen hat. Dieses war eins von denjenigen Bergwerken, worinne in dem Königreiche *Chile* am meisten gearbeitet wurde, und es konnte dasselbe mit den berühmtesten Bergwerken in *Peru* um die Wette streiten.

In *Rasell*, auf eben dieser Seite an der *Cordillera* gegen Norden hin, findet man Goldbergwerke, worinne noch immer gearbeitet wird, und woraus man so schönes Gold bekommt, daß es bis 23 Karath hält. In dem Berge *Lampanqui*, nicht weit von der Cordillera, entdeckte man im Jahr 1710 verschiedene Adern von Golde, Silber, Kupfer, Bley, Zinn und Eisen. Das Gold hält 21 bis 22 Karath. Die Adern in dem Berge *Claone* haben ein weiches Gestein, und man findet überflüßig Erzt, und auch von gutem Gehalte. Zu *Tiltil* nicht weit von *Santjago*, geben die Goldbergwerke viele Ausbeute.

Zwischen *Quiltota* und *Valparayso*, an einem Orte mit Nahmen *Liqua*, findet man ein sehr ergiebiges Goldbergwerk, das dasige Gold ist auch von gutem Gehalte. In *Coquimbo* wird ebenfalls in einigen Goldbergwerken gearbeitet, und so auch in *Copyapo* und in *Guasco*. Das Gold, welches man aus den beyden leztern Orten bekommt, wird *Oro Copote* genennt, weil es das vortreflichste ist, von welchen man Nachricht hat.

In diesem Königreiche findet man noch eine andere Art von Goldadern, die von den vorhergehenden unterschieden sind. Sie laufen nur oben an der Erde hin; und wenn man einige wenige Zeit darinne gearbeitet, und etwas Erzt daraus bekommen hat, so verschwindet die Ader. Solche Adern findet man in groser Menge. Ein gleiches gilt auch von den Wäschen. Man findet solche ungefehr eine Meile weit von *Valparuysso*, zwischen diesem Platze und *las Penjuelas*. Andre Wäschen findet man in *Rapel* an den Grenzen der heydnischen Indianer, und in der Gegend der Stadt *Concepcion*. Aus allen diesen und verschiedenen andern Wäschen bekommet man Goldstaub. Zuweilen trift man einige ziemlich grose Goldkörner an, die aber eben deswegen als etwas sehr merkwürdiges aufbehalten werden.

Alles

Alles Gold, welches man aus den Bergwerken in *Chile* bekommt, wird hier verkauft, und alsdenn nach *Lima* gebracht, daselbst wird es gemünzt, weil man in *Chile* keine Münze hat. Man kan für gewiß sagen, daß für 600000 Pesos Gold aus *Chile* nach *Lima* gebracht wird. Man versichert aber, dasjenige, was auf der Cordillera verlohren gehe, oder womit Unterschleif getrieben werde, betrage über 400000 Pesos. Alles zusammen wird ungefehr eine Million, oder etwas drüber ausmachen. *Loquinto* und *Guasco* sind diejenigen Landschaften, wo allerhand Erze und Metalle so gemein sind, daß es scheint, als ob sich die Erde hier verwandelt habe. Hier wird nun in den Kupferbergwerken gearbeitet, und eben daraus werden ganz Peru und das Königreich *Chile* mit Kupfer versehen. Allein, auch das Kupfer, welches doch das beste ist, das man jemals gesehen hat, wird nur in denjenigen Bergwerken gesucht, wo man es für nöthig erachtet, zu dem Gebrauche der Einwohner nach demselben zu suchen. Die übrigen, wovon man Nachricht hat, und welche bereits entdecket sind, bleiben größtentheils unberührt. Doch Kupfer macht einen Theil von der gegenwärtigen Handlung dieses Königreichs aus.

Für die Früchte, Waaren und Metalle, welche das Königreich *Chile* nach Peru schickt, bekommt es Eisen, Tuch, Leinewand, wie sie in *Quito* gewebet wird, Hüte, etwas Fries, aber nicht viel, weil hier ebenfals dergleichen verfertiget wird; *Cacao*, *Chancacas*, Conserven, Tobak, Baumöhl, irdne Gefäße, und allerhand europäische Waaren. Zum Beschlusse dieses Capitels will ich noch etwas von denjenigen Ländern erwähnen, welche von *Chile* an gegen Süden, bis an die magellanische Meerenge erstrecken, und die unter dem Nahmen Patagonien öfters beleget werden, und von welchen man noch wenig Nachrichten hat. Die östliche Seite dieser Landschaft ist wegen einer Seltsamkeit ungemein merkwürdig, die in keinem andern Theile des Erdbodens ihres gleichen hat; denn ob gleich das ganze Land auf der nordlichen Seite des Flusses *de la Plata* voller Wälder ist, und eine unbeschreibliche Menge von gutem Bauholze hat; so sind doch in dessen südlichen Gegenden ganz und gar keine Bäume anzutreffen, wenn man einige wenige Pfirschenbäume ausnimmt, welche von den Spaniern in der Nachbarschaft von *Buenos Ayres* zuerst gepflanzet worden, so daß auf der ganzen östlichen Küste von Patagonien, welche fast 400 Meilen lang ist, und sich rückwärts so weit erstreckt, als man das Land bisher entdecket hat, kein ander Holz, als ein wenig schlechtes Gesträuche gefunden wird. Der Ritter Johann *Norborough*, welcher von dem Könige in England, Carl *II*, in der Absicht dahin geschickt worden, um dieses Land und die magellanische Meerenge zu untersuchen, und welcher auch in den beyden Häfen St. Julian und Desire im Jahr 1670 überwindert hat, meldet, daß er niemals in dem Lande ein Stück Holz gesehen, welches gros genug gewesen wäre, um den Stiel zu einer Axt daraus zu machen.

Demohngeachtet aber hat das Land einen Uiberfluß an Viehweide, denn es scheint überhaupt aus ebenen Feldern, die einen leichten, trocknen und sandigen Boden haben, zu bestehen, und bringt eine grose Menge langes und dickes Gras hervor, welches auf Rasen, die zwischen grosen und unfruchtbaren Flecken Sandes liegen, wächst. Dieses Gras ernährt an vielen Orten unbeschreiblich grose Heerden Viehe. Denn da die Spanier zu *Buenos Ayres*, bey Anlegung ihrer Colonie einiges schwarzes Vieh aus Europa herüber gebracht hatten: so hat dasselbe wegen der reichlichen Weyde, so es hier fand, zu einer erstaunenden Anzahl vermehret, und sich so weit in dem Lande ausgebreitet, daß es nicht mehr als ein besonders Eigenthum angesehen, sondern davon jährlich von den Jägern zuweilen viele 1000 Stück blos wegen der Haut und des Talges geschlachtet werden.

Weil man in diesem Welttheile eine besondere Art und Weise hat, dieses Vieh zu tödten, so verdient dieselbe eine besondere Beschreibung. Die Jäger, welche man hierzu gebrauchet, sind alle zu Pferde, und mit einer Art von Spiesen bewafnet, an deren Ende eine Klinge in die Queere befestiget ist, anstatt daß dieselben sonst auf der Stange in gerader Linie gesezt zu seyn pfleget. Mit diesem Gewehre reiten sie auf ein Thier zu, und umringen es. Der Jäger, welcher von hinten kommt, schneidet ihn so dann die Kniescheiben entzwey; und gleichwie dasselbe also bald hierauf niederfällt, ohne daß es wieder aufstehen kann; also lassen sie es auf der Erde liegen, und verfolgen andere, mit welchen sie es eben so machen. Zuweilen sind noch andere Leute bey der Hand, welche den Jägern folgen, und den Thieren sogleich wie sie fallen, die Haut abziehen. Allein man sagt, daß die Jäger sie vormals lieber bis auf den folgenden Tag hätten liegen und sich quälen lassen, weil sie geglaubt, daß wegen der Angst, die das Thier mitlerweile aussteht, dessen Wassergefäse zerspringen, und dadurch die Absonderung der Haut

von

von dem Fleische leichter gemacht werden könnte. Und ob gleich ihre Priester diesen barbarischen Gebrauch öffentlich verdammet, und sogar diejenigen, welche denselben beybehalten, in den Bann gethan hätten: so wären doch ihre Bemühungen denselben gänzlich abzuschaffen, vergeblich gewesen.

Ausser der Menge Vieh, welches alle Jahre auf diese Weise geschlachtet wird, ist es zuweilen nöthig, dasselbe zum Gebrauche bey dem Ackerbaue, auch wohl zu andern Absichten, lebendig, und ohne daß es verwundet werde, zu fangen. Dieses verrichten sie mit einer verwundernswürdigen und fast unglaublicher Geschicklichkeit, insbesondere aber mittelst eines gewissen Werkzeuges, welches die Engländer, die sich zu *Buenos Ayres* aufgehalten, insgemein *Lash* das ist, einen Riemen nennen. Dieses ist aus einem etliche Klaftern langen und sehr starken Riemen gemacht, welcher an einem Ende eine Schlinge hat. Diesen nehmen die Jäger, welche hierbey auch zu Pferde sind, in ihre rechte Hand, nachdem sie ihn vorhero geschicklich aufgewickelt, und das der Schlinge entgegengesetzte Ende an den Sattel gebunden haben. Wenn sie sich auf diese Weise in Bereitschaft gesezt, so reiten sie auf eine Heerde zu, und so bald sie in einer gewissen Weite zu einem Stücke Vieh gekommen sind, werffen sie ihren Riemen nach ihn mit solcher Gewißheit, daß sie niemals mit der Schlinge die Hörner verfehlen. Wenn sich das Thier gefangen sieht, so fängt es gemeiniglich an zu laufen; allein das Pferd, welches geschwinder ist, folgt ihm nach, und verhindert dadurch, daß der Riemen nicht zu sehr ausgedehnet werde. Dieses dauert so lange, bis ein anderer Jäger, welcher dem Wilde ebenfalls nachsetzet, ihm noch eine Schlinge um einen Hinterschenkel wirft; und so bald dieses geschehen: so nehmen beyde Pferde, welche dazu abgerichtet sind, so gleich verschiedene Wege, um die 2 Riemen nach entgegengesetzten Richtungen zu ziehen. Durch diese wiedrige Züge wird das Thier alsbald zu Boden geworffen, und so dann stehen die Pferde still, jedoch so, daß die Riemen immer stark ausgedehnet bleiben. Wenn es nun also auf der Erde liegt und sich nicht wehren kann: so steigen die Jäger herunter, und versichern sich desselben dergestalt, daß sie es hernach, wo sie hinwollen, führen können.

Auf gleiche Weise fangen sie auch Pferde, und wie man sagt, sogar Tiegerthiere, mit den Schlingen. Das Vieh, welches man, wie oben erzehlt worden, tödtet, wird allein wegen der Haut und des Talches geschlachtet, wiewohl doch auch zuweilen die Zungen gebraucht werden, das übrige Fleisch aber bleibt liegen, und verfault entweder, oder wird von den

Vögeln

Vögeln und wilden Thieren gefressen. Jedoch der größte Theil dieses Aases wird den wilden Hunden zu Theil, von denen eine unbeschreibliche Menge in diesem Lande gefunden wird. Man glaubt, daß sie von den spanischen Hunden zu *Buenos Ayres* ihren Ursprung haben, welche das häufige Aas, und die Bequemlichkeit sich davon zu nähren angereizt hat, ihre Herren zu verlassen, und wild unter dem Viehe herumzulaufen, denn sie sind vollkommen von der Art der europäischen Hunde, und diese Thiere hat man sonst ganz und gar nicht in Amerika gefunden. Man findet deren öfters etliche hundert in einem Haufen.

Auf eben die Art nun, als sich das wilde Vieh in so groser Menge von *Buenos Ayres* gegen Süden ausgebreitet hat, ist dieses Land auch mit Pferden versehen worden. Diese sind gleichfals zuerst aus Spanien hieher gebracht worden, und haben sich auch so ungemein vermehret, daß sie noch viel weiter, als das schwarze Vieh, wild herum lauffen. Diese grose Menge ist Ursache, daß ein Stück derselben nicht höher als für einen Thaler oder Pesos verkauft wird. Ihr Fleisch selbst soll so ein gutes Essen seyn, daß es einige Indianer noch dem schwarzen Viehe vorziehen. Der größte Mangel in diesem Lande ist die Haupterfrischung, nämlich frisches Wasser; denn das allhier befindliche, sowohl in Seen als Flüssen, hat gemeiniglich wegen des salpetrischen Erdreichs, einen salzigen Geschmack. Doch wird an einigen Orten gutes Wasser, nur nicht in genugsamer Menge, gefunden. Ausser dem Vieh und Pferden giebt es in allen Theilen dieses Landes, viele *Vicannas* oder peruanische Schaafe, die aber wegen ihrer Schüchternheit und Geschwindigkeit sehr schwer zu erlegen sind. Auf der östlichen Seite findet man auch eine überaus grose Menge von Meerkälbern, und verschiedene Arten von Seevögeln, unter welchen die *Penguins* die merkwürdigsten sind.

Dem Ansehen nach, müssen auf dieser östlichen Küste nur wenige Einwohner seyn, weil selten mehr als 2 oder 3 beysammen gesehen worden sind. Gegen *Buenos Ayres* aber sind sie ziemlich zahlreich, und machen den Spaniern öfters viel Unruhen, weil sie dorten sowohl wegen der Breite und Verschiedenheit des Landes, als auch wegen der mäsigern Himmelsgegend einen bessern Aufenthalt haben; denn die Breite des Landes erstreckt sich daselbst über 3 und fast 400 Meilen, dagegen dieselbe bey St. Julian wenig über 100 Meilen beträgt. Ja es ist glaublich, daß eben dieselben Indianer, welche man häufig auf der westlichen Küste von Patagonien und bey der magellanischen Meerenge sieht, öfters bis zu der östlichen Seite herumstreifen, gleichwie die Indianer bey *Buenos Ayres*.

Die

Die westliche Küste von Patagonien ist nicht so groß, und wegen der hohen Gebirge, die sie einfassen, und welche sich ganz herunter in das Wasser erstrecken, sehr felsigt und gefährlich. Die ganze Küste ist sehr rauch und uneben, und das Land hat einen sehr fürchterlichen Anblick. Die Ufer sind felsigt und unbrauchbar, und an den meisten Orten mit steilen Felsen eingefaßt. Man findet zwar an einigen Orten verschiedene tiefe Meerbusen; als sein der Eingang in dieselben ist gemeiniglich durch eine Menge kleiner Inseln versperret.

Die Bay von St. Julian auf der östlichen Küste, ist für alle nach Süden und der ganzen patagonischen Küste, von dem Flusse *la Plata* an bis zu der magellanschen Meerenge, auf des Kreutzen auslaufende Schiffe, im Fall ihrer Zerstreuung, ein bequemer Sammelplatz, und liegt ihnen in ihrer gewöhnlicher Farth fast parallel. Seine Lage ist unter dem 49 Grad 30 Minuten südlicher Breite und 70 Grad 41 Minuten westlicher Länge von London! vor dem Eingange derselben ist eine Sandbank, welche sich aber oft verändert und voller Höhlen ist. Nicht weit davon auf dem festen Lande befindet sich eine Salzpfanne, wo die Natur gutes weises Salz hervorbringt.

So viel mag von den spanischen Besitzungen in dem südlichen Amerika genug seyn. In den folgenden Capiteln, will ich noch eins und das andere von den nordlichen Gegenden und einigen spanischen Inseln sagen.

CAP. IV.
Von den vornehmsten Städten und Seehäfen an den Küsten der spanischen Besitzungen in Nordamerika.

Bey der Beschreibung des spanischen Reichs in dem nordlichen Theile von Amerika, werde ich mich einzig und allein auf die an den Küsten der dasigen Landschaften befindlichen Städte, Seehäfen und vorzüglichen Gegenden einschränken, einige wenige Hauptörter derselben ausgenommen, die etwas weiter ins Land hineinliegen, und deren Beschaffenheit und Vorzüge nur kürzlich angezeigt werden sollen. Ich mache den Anfang mit der westlichen und nordlichen Küste dieser Landschaften.

Alle Provinzen und Reiche, welche die Spanier in Nordamerika besitzen werden, in 3 Haupttheile eingetheilt, nämlich in
 Mexico oder Neuspanien.
 Neumexico und das spanische *Florida*.

Jede derselben hat wieder ihre besondere kleinere Abtheilungen in *Audiencia* und kleinere Landschaften, die ich aber Kürze halber übergehe.

Die berühmteste Gegend ist die Campechebay, wegen des bekannten Färbeholzes, und von diesem will ich etwas umständlicher reden, wann ich zuvor die Halbinsel *Jucatan*, auf welcher das meiste Campecheholz wächst, werde beschrieben haben.

Diese Halbinsel ist im Jahr 1517 vom *Ferdinand de Corduba* zuerst entdecket worden. Sie hat wenigstens 300 englische Meilen im Umfange, und liegt nicht weit von der Insel *Cuba*. Das Land gegen Norden und Osten ist nur mittelmäßig fruchtbar, gegen den herrlichen Boden, der in Westen befindlich ist, zu rechnen. Sie ist noch ziemlich von Indianern bewohnt, die in Städten und Flecken beysammen leben, doch aber allemal 5 bis 6 Meilen von der See, wie man denn an der Küste nicht über 2 oder 3 Oerter antrift, wo die Innwohner sich nur in gewissen Jahrszeiten aufzuhaken pflegen, weil guter Fischfang daselbst ist. Das rechte Campecheholz, von welchen ich bald mehr sagen werde, wird nur allein in dieser Proving, und auch nur an etlichen Orten nicht weit von der Seeküste gefunden, wiewohl man auch noch andre Arten von Färbeholz daselbst antrift, die auch hoch gehalten werden. Die vornehmsten Oerter auf dieser Halbinsel sind

Merida, die vornehmste Stadt in ganz *Jucatan*, welche fast von lauter Spaniern bewohnt wird.

Das *Capo Catoch* ist die äuserste Spitze eines Vorgebirges in *Jucatan* gegen Osten zu. An der See ist das Land sehr niedrig, je weiter es aber davon abgeht, je höher wird es. Es ist voller Bäume von allerhand Art, sonderlich aber Färbeholz.

Rio de la Gastos, ein Fluß zwischen *Cap Catoch* und *Cap Condecedo* oder *Desconosida*. Es ist ein schöner Ort. Das Wasser in dem Flusse ist klein, aber fast auf der ganzen Küste das beste. Westwärts von diesem Flusse, ist ein Wachhaus, *Selam* genannt. Es liegt nahe an der See, und haben es die Spanier dahin gebauet, daß die Indianer darinne Wache halten sollen. Dergleichen Wachhäuser giebt es viel auf dieser Küste, deren etliche von Holz und Leimen gemacht, andere wie Gesichte auf den Bäumen stehn, und gemeiniglich nur für 1 oder 2 Personen gros genug sind. Es müssen täglich 1 oder 2 Indianer darinne Wache halten, und sind die nahe herum wohnende verbunden einander abzulösen.

Linchanchi, ein ander Wachhaus, 3 oder 4 Meilen von den erstern, auf einem sehr hohen Baume, 4 Meilen von der Stadt *Linchanchi*, welche tiefer ins Land hinein liegt. Zwischen diesen beyden Wachhäusern sind etliche kleine Lachen vom gesalzenen Wasser, allwo die Innwohner der herum liegenden Städte in dem Monat May, Junius und Julius das

Salz

Salz sammlen, und mit demselben das ganze umliegende Land versorgen.

Das Wachthaus *Sisal* liegt 3 oder 4 Meilen weiter gegen Westen, hinter diesem Salzgruben. Es ist das höchste und ansehnlichste auf der ganzen Küste, von Holze gebauet, und ganz nahe am Meere. Nahe dabey ist eine Festung, worinne 40 bis 50 Soldaten liegen, welche die Küste und eine grosse Strasse, die von da nach *Merida* führt, rein halten sollen.

Das Cap *Condecedo* oder *Desconosida* ist die äuserste Spitze von *Jucatan* gegen Westen. Gleich auf dieses Vorgebirge folget die Bay *Campeche*. Diese Bay oder Bucht ist ein ziemlich tief in das Land bringendes Stück See, zwischen dem besagten Vorgebirge, und einem andern, so westwärts aus dem gebirgischen Lande von St. *Martin* herauskommt. Diese 2 Plätze mögen wohl 120 Meilen voneinander seyn, und findet man grosse schiffreiche Flüsse, stehende Seen und dergleichen daran.

Von Cap *Desconosida* 14 oder 15 Meilen, liegen einige Salzgruben hart an der See. Die Lache gehört der Stadt *Campeche*, und giebt sehr viel Salz, welches die Spanier durch die Indianer daselbst sammlen lassen.

Campeche, 20 Meilen von diesen Salzlachen, ist eine schöne Stadt am Ufer des Meers in einem kleinen Grunde. Sie ist die einzige zwischen Cap *Catoch* und *Vera Crux*, welche am Meere liegt: Die Häuser sind alle von Steinen erbauet, nicht hoch, aber sehr stark, die Dächer auf spanische Art plaît, und mit Ziegeln gedeckt. An der einen Ecke hat sie eine gute Citabelle, worinne der Gouverneur wohnt, und eine kleine Garnison zur Beschützung der Stadt bey sich hat. Demohngeacht aber ist sie doch schon zweymal eingenommen worden. Sonst ist die Stadt gar nicht reich, ob sie schon der einzige Seehafen auf dieser Küste ist. Die vornehmste Waare, welche hier verfertiget wird, ist baumwollene Leinwand, welche theils zur Kleidung, theils zu Seegeln dienet. Ehemals wär sie der Hauptplatz des ganzen Farbholzhandels, heut zu Tage aber findet man auf 12 bis 14 Meilen weit davon keines mehr.

Port royal, eine Insel und Hafen 18 Meilen weit von *Campeche*.

Der rechte Theil der Bucht *Campeche* liegt unter dem 18 Grad norder Breite. Nahe an dem Meere oder den Seen, ist das Land voll Manglebäumen und stets naß, etwas weiter hin aber, trocken, und wird niemals überschwemmt, als in der Regenzeit. Der Boden hat einen starken gelbichten Thon, wiewol oben darüber eine schwarze Erde liegt, die aber nicht tief hinein gehet. Hier wachsen nun sehr viel Bäume von allerhand

Q 3   Gats

Gattungen, aber weder hoch noch dicke. Die, so zum Färben dienlich, und das eigentliche Campecheholz sind, kommen am besten fort, und wachsen in grosser Menge, indem der Boden sich sehr wohl dazu schickt, und sie im trockenen Lande gar nicht fort wollen, so wenig als an andern Orten, wo der Boden fett und schwarz ist. Sie sehen dem englischen Hagedorn ziemlich gleich, wiewol insgemein viel dicker. Die Rinde an den jungen Zweigen ist weiß und glatt, und gehen auf allen Seiten einige Spitzen heraus, der Stamm aber und die alten Aeste sind schwärzlich, die Rinde daran runzlicht, und hat nur wenige oder gar keine Stacheln. Die Blätter sind klein, und von blaßgrüner Farbe. Zum Hauen liefet man die alten Stämme mit der schwärzlichten Rinde aus, als welche weniger Saftholz haben, und fast ohne Mühe ab, und in kleine Stückchen zerhauen werden können. Dieses Saftholz ist weiß, der Kern aber inwendig roth, den man denn eigentlich zum Färben gebrauchet, und wird das weisse Holz von dem Kerne ganz abgesondert, und nur dieser nach Europa verschickt. Wenn es eine Zeitlang abgehauen gelegen hat, wird es schwarz, und wenn man es ins Wasser thut, giebt es demselben eine Farbe wie Dinte, so daß man auch zuweilen damit zu schreiben pflegt. Einige von diesen Bäumen haben wohl 5 bis 6 Fus im Umfange, und kan man schwerlich Scheite davon machen, daß ein Mann eins davon ertragen kan; ja es muß bisweilen gar mit Pulver gesprenget werden. Sonst ist dieses Holz sehr schwer, brennet wohl, und giebt ein helles und langwieriges Feuer. Es giebt auch noch andere Arten von Holz, die der Farbe nach diesem ziemlich beykommen, und auch zum Färben taugen, wiewol eins höher gehalten wird als das andere. Dergleichen ist das Blutholz und das Stockfischholz. Der einzige Ort in der Nordsee, wo Blutholz gefunden wird, ist der Seebusen von *Nicaragua*, der Providenzinsel gegen über. Dieses Holz ist von einer weit hellrothern Farbe als das Campecheholz, aber auch noch einmal so theuer. Hingegen das Stockfischholz ist nur halb so theuer, als das Campecheholz, und man findet es vornemlich um den Fluß de *la Hache*, in dem südlichen Amerika.

Je weiter man sich von der See in der Campechebucht wegbegiebt, je höher wird das Land, und je besser wachsen die Bäume.

Die Holzhauer von *Campeche*, wohnen vornemlich an den in den Wäldern liegenden Gruben und Lachen in kleinen Gesellschaften beysammen. Sie bauen ihre Hütten längst an diesen Gruben, sowol um der frischen Seeluft zu geniessen, als auch so nahe als möglich an denen Wäldchen zu seyn, wo das Färbeholz wächst. Ihre Hütten sind schlecht gebauet,

bauet, aber mit Palmetoblättern gut bedeckt, um sie vor den häufigen Regen in diesem Lande zu verwahren. Ihre Schlafstätte sind kleine hölzerne Betten, welche sie in einem Winkel der Hütte mit 4 Stäben 3 bis 3¼ Fus hoch von der Erde aufrichten, und hernach ihre Zelter darüber spannen, um sich vor der grossen Menge Fliegen zu beschützen, welche hier befindlich sind. Sie haben auch noch einen andern Verschlag von Holze, den sie mit Erde voll füllen, und anstatt des Heerdes brauchen, auf welchem sie ihr Fleisch kochen, und endlich noch den dritten, auf welchen sie sich setzen, wenn sie essen. Einige dieser Holzhauer spalten die Bäume, die andern sägen sie, und machen Scheite von rechtmäßiger Grösse daraus, noch andre hacken das Saftholz davon, und diese sind gemeiniglich die vornehmsten und verständigsten unter ihnen. Wenn ein Baum so gar dicke ist, daß nach abgehauenen Scheiten ein Klotz bleibet, das schwerer ist, als ein Mann tragen kan, so wird dasselbe mit Pulver gesprenget. Die Holzhauer sind alles brave starke Leute, und kan mancher eine Last von 3 bis 400 Pfunden tragen, wiewol einem jeden frey stehet, zu tragen, was er will, und vergleichen sie sich darüber ganz leichte mit einander, da sie alle gar hurtig zur Arbeit sind. Wenn aber die englischen Schiffe von Jamaica mit Rum und Zucker ankommen, so sind sie auch nicht weniger hurtig, Zeit und Geld aufs äuferste zu verschwenden. An gewissen Orten pflegen sie alle Sonnabende auf die Jagd zu gehen, um auf die ganze folgende Woche Vorrath an Rindfleische anzuschaffen. Wenn die Jäger einen Ochsen getödtet haben, welches ihr gewöhnliches Wildpret ist) theilen sie ihn in 4 Theile, und nehmen alle Knochen heraus; alsdenn macht ein jeder mitten in sein Viertheil ein Loch, so gros, daß er den Kopf durchstecken kan, legt das Fleisch über die Achseln wie einen Kragen, und wandert in solchem Zierrathe nach Hause; solte es ihm aber etwan zu schwer seyn, so schneidet er noch ein Stück davon ab, und wirft es weg.

Was den Ursprung der englischen Handlung mit dem Campechebolz anbetrift, so hat es damit folgende Bewandnis. Nachdem die Engländer im Jahr 1655 die Insel Jamaica den Spaniern abgenommen hatten, und in der Campechebucht zu kreutzen anfiengen, funden sie viel Barquen, so mit dergleichen Holze geladen waren; weil sie aber dessen Kostbarkeit noch nicht wusten, liessen sie die Barquen laufen, wo sie der Wind hinführen wolte, oder nahmen Nägel und alles Eisenwerk davon weg, und steckten sie hernach an, ohne nach der Ladung derselben zu fragen. Dieses thaten sie, bis der Capitain Jacob ein grosses mit solchem Holze beladenes Schiff bekam, welches er nach England führte, um ein Caperschiff

daraus

daraus zu machen. Allda verkaufte er ohne alles sein Vermuthen das Holz sehr theuer, welches er so wenig geachtet, daß er auf der ganzen Reise auch kein anderes, als dieses, gebrannt hatte. Nachdem er wieder nach Jamaica kommen war, funden die Engländer, die diese Bucht besuchten, den Ort, wo es wuchs, und wann sie sonst nichts zu rauben hatten, giengen sie nach dem Flusse *Champeton*, allwo sie sicher waren, grosse schon gehauene Stücke dergleichen Holz zu finden, welches noch dazu bis ans Ufer gebracht war, daß sie es durften einladen. Und dieses trieben sie beständig, bis die Spanier Soldaten hinschickten, diese Streifereyen zu verhindern. Indessen hatten die Engländer schon die Bäume und den Preis kennen lernen, besuchten also auch die andern Küsten des festen Landes, um zu erforschen, ob dergleichen auch allda zu finden, die sie auch, ihrem Verlangen nach, ganze Wälder voll antrafen. Ja in den neuern Zeiten haben sie gar in der Bay *Honduras* auf der südlichen Küste von *Jucatan* ein Etablissement angelegt.

Nunmehro wende ich mich zu andern merkwürdigen Orten dieser Küsten gegen Westen und Norden zu.

Vera Crux, eine schöne Stadt in der Provinz *Tlascala* der *Audiencia Mexico*. Sie liegt hinten an dem mexicanischen Meerbusen, ganz an der südwestlichen Spitze oder Winkel, denn das Land strecket sich nach Westen, wendet sich aber allda gleich nach Norden. Die Häuser sind alle von Holze erbauet, sowol die öffentlichen als Privatgebäude. Sie hat ungefehr 3000 Einwohner, unter denen viel reiche Kaufleute sind, deren etliche 2 mal hundert tausend Ducaten, andre auch noch einmal so viel im Vermögen haben. Vor der Stadt ist ein guter Hafen, bey dessen Eingange eine kleine Insel oder Klippe liegt, dadurch er sehr bequem gemacht wird. Auf dieser haben die Spanier eine sehr gute Festung erbauet, die den Hafen beschiessen kan, und sind in die Mauer derselben, gegen dem Hafen zu, grosse eiserne Ringe eingemacht, an welche die Schiffe mit ihren Tauen fest angebunden, und also erhalten werden, weil die Nordwinde zu gewissen Jahreszeiten allhier so heftig wehen, daß die Schiffe nicht sicher am Anker liegen können. Diese Festung wird *S. Johann d' Ulloa* genannt, und geben die Spanier oft der Stadt *Vera Crux* selbst diesen Nahmen. Es wird hier eine sehr grosse Handlung getrieben, weil es der einzige Hafen vor die Stadt *Mexico* und die grossen und kleinen Städte des ganzen Königreichs ist. Es werden allda alle europäische Waaren, die in diesen Ländern abgehen, ausgeladen, und hingegen wiederum, alles, was das Land giebt, von allen Orten hieher zusammen geschlept, und weiter verschickt. Wozu noch dieses kommt, daß alle Schätze, die über *Marila* aus Ostindien nach *Acapalco* kommen, kömmen, endlich zu Lande auch hieher gebracht werden. Die Flotte aus Spanien kommt alle 3 Jahr her, und nimmt ausser den Landeswaaren, auch das Silber ein, welches sowol vor den König von allen Orten her gesammlet wird; als auch, was den Kaufleuten gehöret, und auf eine unglaubliche Summe steiget. Die Flotte von *Barbovento* kommt alle Jahre im October oder November her, und bleibt bis in dem Merz hier. Es ist dieses eine kleine Escadre von 6 oder 7 guten Schiffen von 20 bis 50 Stücken. Diese muß jährlich einmal alle spanische Seehäfen visitiren, vornemlich die Handlung mit den Ausländern zu zerstöhren und die Freybeuter zu verjagen. Aus diesem Hafen geht sie nach der *Havana*, ihre Waaren allda zu verkaufen, und von da in die anderen Seehäfen, bis sie über *Portobello* und *Campeche* wieder nach *Veracrux* zurück segelt.

Noch weiter gegen Norden unter dem 21 Grad, 8 Minuten norder Breite, fällt der Fluß *Panuco* in den mexicanischen Meerbusen. Es ist ein sehr grosser Strom, der mitten aus dem Lande herabkommt. Wo er am seuchtesten ist, hat er doch 10 bis 12 Fus Wasser. An demselben liegt 20 englische Meilen von der See die Stadt *Panuco*, die Hauptstadt der Provinz gleiches Nahmens, unter der *Audiencia Mexico*. Es sind hier ungefehr 500 Familien von Spaniern, Mulatten und Indianern. Die Häuser sind gros und stark von Steinen erbauet, und mit Palmetablättern gedeckt.

Es sind noch einige kleinere Flecken, Seehäfen und Rheeden auf dieser östlichen Küste, weil sie aber von keiner Erheblichkeit, so will ich mich auch bey denselben nicht weiter aufhalten.

Auf der südlichen Küste befinden sich folgende merkwürdige Plätze: *San Antonio* und *S. Jago*, zwey berühmte Seehäfen in der Provinz *Mechoacana*, unter der *Audiencia Mexico*. Diese Landschaft ist ein überaus reiches Land, in welcher ein Uiberfluß an allen Dingen gefunden wird. Vornemlich trägt sie eine grosse Menge Maulbeerbäume, Seide, Honig, Wachs und schwarzen Agtstein. Die Hauptstadt darinne ist *Valladolid*, worinne ein Bischof seinen Sitz hat.

Acapalco, der berühmteste Seehafen in diesem Theile von Amerika. Weil ich von diesem und von der Handlung, welche von hier nach *Manila* auf den philippinischen Inseln getrieben wird, eine besondere Beschreibung verfertiget habe, so will ich mich nicht dabey aufhalten, sondern meine Leser zu derselben verweisen.

Weiter gegen Süden, in der Provinz *Quaxaca*, liegt die Hauptstadt *Antequera*, welche zugleich der Sitz des Bischofs dieser Landschaft ist. Diese

R Stadt

Stadt ist deswegen berühmt, weil hier die meiste Handlung mit der *Coche-nille* getrieben wird, und man sie auch hier am meisten sammlet und bauet.

Tecoantepeque, ein kleiner unbefestigter Hafen.

La Trinidad und *Realejo*, zwey Häfen in der Provinz *Guatimala*, vermittelst welcher die Stadt *Guatimala* ihre Handlung mit Peru treibt, der erste ist 25 der andere aber 46 Meilen weit, südwerts von derselben entlegen. Diese Stadt, welche die Spanier *S. Jago de Guatimala* nennen, liegt in einem Thale in einer sehr gemäßigten Gegend. Sie hat einen Uiberfluß an allen Arten von Lebensmitteln, so, daß daselbst sehr wohlfeil leben ist. Es sind ungefehr 5000 Familien in derselben, und in der Vorstadt *St. Domingo* wohnen etwa 200 Familien Indianer. Sie treibt starke Handlung, sowol mit den umliegenden Gegenden, als auch mit Peru und Spanien selbst. Es giebt Kaufleute daselbst, die auf 500000 Ducaten reich sind. Sie ist die Hauptstadt der ganzen *Audiencia Guatimala*.

Realejo, in der Provinz *Nicaragua*, ein schwacher und gar nicht befestigter Hafen.

Nicoya, ein schönes Dorf in der Provinz *Costarica*. Es wird hier auch diejenige Art von Purpurschnecken gefunden, deren wir schon in den vorhergehenden Capiteln gedacht haben.

Golfo de Salines, eine Bay und Hafen in eben dieser Provinz, wo ein starker Handel mit Lebensmitteln und mit Purpur gefärbten Zeugen getrieben wird.

Die übrigen sind ebenfals von keiner sonderlichen Erheblichkeit, daher ich sie insgesamt mit Stillschweigen übergehe, und noch einige spanische Inseln, besonders in dem mexicanischen Meerbusen, kürzlich beschreiben will.

CAP. V.
Von einigen denen Spaniern in Amerika gehörigen Inseln.

Unter denen spanischen Inseln, welche in dem mexicanischen Meerbusen liegen, will ich gegenwärtig nur von der Insel *Cuba* und *Dominique*, nebst einigen andern kleinern Eylanden, eins und das andere erinnern.

Die Insel *Cuba*, ist die erste und größte unter den antillischen Inseln über dem Winde (*Barlovento*.) Man schätzt ihre Länge auf 213, und ihre größte Breite auf 65 Seemeilen. Sie liegt unter dem 20 bis zum 24 Grad nördlicher Breite, und ist um und um mit einer Menge kleiner Eilande umgeben. Sie wurde von den Spaniern durch Christoph Columbo auf seiner zweyten Reise nach Amerika zum erstenmale entdeckt. Sie ist voller Wälder, Seen und Gebirge, hat eine sehr gemäßigte Witterung, und das Erdreich ist überaus fruchtbar. Man findet auf derselben sehr gutes Kupfer; wie man denn auch ehemals viel Gold auf derselben angetroffen hat. An Früchten bringt sie vornemlich Ingwer, Casia, Mastix, Alois, Sassaparelle und Zucker hervor. Besonders hat sie einen Ueberfluß an Rindvieh, Fischen, Vogelwerk, und besonders an sehr guten Schweinen, mit welchen letztern, weil es sehr gesund seyn soll, sich die Schiffe überflüßig zu versehen pflegen, wenn sie ihren Rückweg nach Spanien antreten. Unter den vornehmsten Städten dieser Inseln, wollen wir nur der Stadt und Hafen *Havana* gedenken, welche an der Nordseite dieser Insel liegt, und eine sehr gute Rheede hat. Dieser Ort ist der Generalstapel aller Kaufmannsgüter, so, daß die Spanier selbst diese Stadt und Hafen den Schlüssel zum ganzen Westindien nennen. Hier hält sich die Flotte des Königs in Spanien auf, welche zu diesem Welttheile gehört; und hier versammlen sich auch alle Kaufmannsschiffe aus allen Provinzen des nordl. und einem Theile des südlichen Amerika; so, daß man sagen kan, daß vornemlich in dem Monate September alle Reichthümer aus ganz Amerika hier zusammen kommen, sowol was die königl. Einkünfte in diesen Landen betrift, als auch diejenigen, welche den Kaufleuten zugehören, deren Ladung zusammen genommen zu werden, auf 30 Millionen Pesos (oder Thaler) geschätzet wird.

Da dieser Ort also das Hauptmagazin ist, wo die Herren Spanier ihre Reichthümer aufzuschütten pflegen: so haben sie auch denselben mit solchem Fleiße befestiget, daß sie fast sicherlich glauben, es sey dieser Ort unüberwindlich. Er hat zwey starke Castelle, deren eins an der Mündung des Hafens gegen beim Meere: das andere aber besser einwärts am Ufer des Flusses liegt. Der Eingang zwischen diesen beyden Castellen, welche die Mündung des Hafens machen, ist so enge, daß mehr nicht als ein Schiff auf einmal einlaufen kan, und wird von diesen zweyen Castellen so wohl beschossen, daß eine Flotte von 100 Schiffen sich vergebens bemühen würde, diesen Hafen mit Gewalt einzunehmen. Vornemlich ist das eine Castell überaus feste, und mit vieler Artillerie versehen, darunter 12 Stücke von ungemeiner Grösse sind, welche man hier die 12 Apostel nennet. Solte aber eine Armee zu Lande dieß Castello angreifen, so würden sie sich wohl nicht allzulange wehren können.

Unter den Vorgebirgen dieser Insel ist vornemlich das *Cap Corientes* zu merken. Es liegt an der westl. Seite derselben gerade der Halbinsel *Jucatan* gegen über. Es liegt auf diesem *Cap* eine Besatzung spanischer Soldaten, von ungefehr 40 Mann, welche eine grosse mit Rudern und Seegeln versehene *Pirogue* haben, auf welcher sie alle Augenblicke bereit sind, die kleinen Fahrzeuge, welche zwischen *Cuba* und der Insel *Pinos*, der ich gleich gedenken will, durchfahren wollen, wegzunehmen, und auszuplündern, dabey sie niemanden Quartier geben, damit ihre Grausamkeit nicht möge verrathen werden.

Die Insel *Pins* oder *Pinos*, liegt auf der Westseite von *Cuba* gegen Süden, 4 Meilen von der Küste, und 6 Meilen von dem *Cap Corientes*. Sie ist 11 bis 12 Meilen lang, und 3 oder 4 breit. Diese Insel ist hoch, und hat in der Mitten einen grossen Berg, um welchen viel kleine Hügel herum zu sehen sind. Es wachsen auch vielerley Bäume von allerhand Arten darauf, gegen die See zu, und wo es niedrig und morastig, rothe Mangles; auf den Hügeln aber fast nichts als Fichten, von welchen es ganze Wälder voll giebt, und unter diesen solche hohe und starke Stämme, daß sie auf kleinen Schiffen zu grossen Mastbäumen können gebraucht werden. In Westen ist ein ziemlich breiter Fluß von süssen Wasser, den man aber von der Seeseite wegen der häufigen Manglebäume nicht wohl beykommen kan. An Landthieren findet man hier Ochsen, Schweine, Gemsen und dergleichen. Die Spanier von *Cuba* halten hier etliche Heerden Schweine, und dabey einige Indianer oder Mulatren, die sie hüten. Ingleichen haben sie auch Jäger hier, welche ihren Unterhalt von Schiessen wilder Schweine und Ochsen haben.

Die andre grosse Insel, welche aber nur zur Hälfte den Spaniern gehört, da die Franzosen den andern Theil besitzen, ist *St. Domingo*, oder *Dominique*, oder auch *Hispaniola* genannt. Sie liegt gleich bey *Cuba* gegen Morgen zu, und ist auf 140 Seemeilen lang, und an die 50 Meilen breit, zwischen dem 19 und 20 Grad der nordlichen Breite. Diese Insel beseufzet noch heutiges Tages den Verlust von mehr als 3 Millionen Indianern, welche die Spanier allhier umgebracht haben. Die Luft ist hier ebenfals sehr gemäßiget, das Erdreich fruchtbar, und findet man sehr reiche Bergwerke auf derselben. Es wird hier auch ein starker Handel mit Amber, Zucker, Ingwer, Leder und Wachs getrieben. Man sagt, daß in dem hiesigen Erdreiche alle Küchenkräuter und Wurzeln innerhalb 20 Tagen zu solcher Vollkommenheit aufwachsen, daß sie zur Speise dienlich sind. Sie übertrift die Insel *Cuba* noch in folgenden 3 Stücken, erstlich, in der Vortreflichkeit des

Gol-

Goldes, welches hier überaus fein, und ohne Vermischung eines andern Metalls gefunden wird; zum andern in der Güte des Zuckerrohrs, welches hier weit mehr giebt, als anderswo: Drittens in der Fruchtbarkeit des Bodens, welcher gewöhnlich hundertfältige Früchte bringt. Diese grosse Fruchtbarkeit aber kommt vornemlich von 4 grossen Flüssen her, welche die 4 Theile der Insel bewässern, und reich machen. Sie entspringen alle viere aus einem Gebirge, welches mitten im Lande liegt; der erste heißt *Juna*, welcher gegen Osten lauft; der andere *Artichinnacus*, gegen Westen; der dritte *Jacchus*, lauft gegen Norden; und der vierte *Naihus*, ergeußt sich gegen Süden. Diese Insel ist auch so voller Schweine und anderes Vieh, daß selbiges in den Wäldern und auf den Bergen wilde wird. Ein gros Theil der Insel ist auch unbewohnt, weil alle Indianer auf derselben todtgeschlagen worden sind. Die vornehmste Stadt auf derselben ist *S. Domingo*, in welcher ein Präsident, eine Gerichtskammer und ein Erzbischof ist, welcher den Vorzug vor den übrigen als *Primas* von gantz Indien hat.

Zu dieser Insel gehören noch einige um sie herum liegende kleine Inseln, als, die Schildkröteninsel, *la Tortue*, auf der nordlichen Seite, welche 8 Meilen lang und 2 breit ist. Sie war ehemals von Flibustiers oder Freybeutern bewohnt, hernach zu einer französischen Colonie gemacht, aber auch wieder verlassen. In der Bay von *Leogane* liegt *Gonave*, welche 7 bis 8 Meilen lang, nebst noch mehrern wüsten Inseln. Die Kaymiten, welches viele kleine niedrige wüste Inseln sind, gehören zu dem französischen Theile, ingleichen die Inseln *Avache* und St. Ludwig, an der mittägischen Seite, welche bewohnt sind. Die Bettelmünchen- und Beatreninseln liegen auch noch auf dieser Seite. Gegen Morgen sind die Inseln *Samana* und *Saona*, die den Spaniern gehören. In dem französischen Antheile der Insel *S. Domingo*, ist vornemlich das so genannte französische Vorgebirge, oder der Hafen *Guarico* zu merken. Er liegt, nebst dem dazu gehörigen Wohnplatze, auf der nordlichen und westlichen Seite der Insel, im 19 Grad, 45 Min. 48 Sec. der nordl. Breite, und 73 Grad 00 Min. 45 Sec. gegen Abend, der Mittagslinie von Paris. Der Wohnplatz, der sich ungefehr ¼ Meile in die Länge erstrecken mag, enthält 13 bis 1500 Einwohner, so wohl Europäer und weisse Creolen, als auch Negern, Mulatten, und Leute von vermischten Geschlechtern, von diesen letztern aber die meisten. Vor wenig Jahren waren hier alle Häuser von Holze; Nach einer entstandenen Feuersbrunst aber, sind sie meistentheils von Stein wieder aufgebauet worden, sind aber gemeiniglich nur 1 Stockwerk hoch. Der

Ort ist offen und ohne Ringmauern, zu seiner Bedeckung hat er zwo Batterien auf der Seeseite, und ein kleines Fort auf der Landspitze, welche den Nahmen *Bicolet* führt, ungefehr ¾ einer Seemeile weit von dem Platze, und dadurch wird der Hafen des Eingangs bedeckt. Die ordentliche Besatzung, die auch in dem Platze auf die Wache ziehen muß, ist nicht stark. Ein Theil davon besteht aus Franzosen, und ein Theil aus Schweizern. Hingegen machen die Einwohner unter einander einen sehr schönen Haufen Soldaten aus, der auch zahlreich ist, weil alle Einwohner dazu gehören, welche zu den Waffen tüchtig sind. Sie werden in denselben geübt, wie die ordentliche Besatzung. Sie erleichtern auch der Besatzung die ihnen obliegende Beschwerungen, in Ansehung der Wache und übrigen Kriegsdienste. Die umliegende Felder sind alle sehr gut angebauet, und findet man kein Plätzgen, welches im Stande ist, etwas hervorzubringen, wo nicht etwas hingesäet werden solte, das sich dahin schickt. Der übrige Theil der Insel wird schlecht und fast gar nicht genutzt.

Die häufigen Schiffe, welche in diesem und andern Häfen der Insel einlaufen, versorgen die Einwohner mit allerhand europäischen Waaren, die hier nicht hervorgebracht werden können, wie auch mit Lebensmitteln und Früchten. Das Brod wird ordentlich aus solchen Mehle gebacken, welches aus Frankreich hieher gebracht wird. Das einzige, was hier fehlt, und aus den spanischen Plätzen hieher gebracht werden muß, ist das Fleisch, welches man für Tücher, Zeuge und andere Waaren eintauscht. Diese Handlung ist zwar verboten, man treibt sie aber aus Noth eben so frey, als ob sie erlaubt wäre. Die grose Handlung, welche Frankreich vermittelst dieses Ortes treibt, kann durch nichts deutlicher dargethan werden, als durch die grose Anzahl von Fahrzeugen, welche jährlich in den hiesigen Häfen einlaufen. Da jährlich 160 grose und kleine Fahrzeuge in den einzigen Hafen *Guarico* kommen, die 150 bis 400 oder 500 Laster führen: so kann man daraus einen Schluß auf diejenigen machen, welche in den übrigen Häfen, *Leongan, Petitgouave* und andern nicht so beträchtlich einlaufen. Alle diese Fahrzeuge sind mit Kaufmannswaaren und Lebensmitteln befrachtet, und dafür bringt ein jegliches wenigstens 30 bis 40000 Pesos an Silber und Golde mit. Solchergestalt bringen allein diejenigen Fahrzeuge, die nach *Guarico* gehen, noch ausser den Früchten des Landes, jährlich eine halbe Million Pesos nach Frankreich mit zurück. Rechnet man nun auf die beyden übrigen Häfen eben so viel, und noch einmahl so viel auf alle die kleinen; so belaufen sich die ordentlichen Einkünfte jährlich auf 2 Millionen Pesos. Man kann leicht erachten, daß nicht die ganze Ladung, die nicht einmahl der vierte Theil von dem, was so viel Fahrzeuge mitbringen, in dieser Colonie und von den Einwohnern

gern verthan und verzehrt werden kann, und daß sie nothwendig damit weiter Handlung treiben müssen, nämlich nach den Küsten des spanischen Amerika, sonderlich nach der *Havana* und *Caracas*, nach *Santa Marta*, nach *Cartagena*, nach *Terra Firma*, nach *Nicoragna* und nach *Horduras*. Die spanischen Balandern laufen daher in die kleinen Häfen und Buchten, die sich in der Nachbarschaft von *Guarico* befinden, ein, und treiben also daselbst heimliche Handlung, wenn sie als Registerschiffe nach denjenigen Häfen gehen, wo die Handlung erlaubt ist. Uebrigens ist die Witterung hier sehr heiß und ungesund.

Porto Ricco, ist die dritte grose Antille, welche von den Spaniern bewohnet wird. Sie ist 20 Meilen lang, und nicht gar halb so breit unter dem 18 und 19 Grad norder Breite. Die vornehmste Stabt und Hafen auf derselben, ist *S. Juan de PortoRicco*, an der östlichen Küste der Insel. Zwischen dieser Insel und der vorhergehenden, liegen 3 kleine Eilande als, *Zacheo*, *Monika* und *Mona*.

Unter den kleinern Antillen sind einige, welche den Spaniern gehören, und besonders wegen der reichen Perlenfischeren zu schätzen sind. Ausser der Insel *Trinidas*, unter die 10 Grade nordlicher Breite, welche ungesehr 20 Meilen lang und 10 breit ist, gehört ihnen auch die Insel *Margarita*, oder *Marquerite*. Diese Insel liegt unter dem 11 Grad norder Breite, 22 Meilen vom festen Lande. Sie hat 35 Meilen im Umfange, und gegen Norden einen guten Hafen, gegen Morgen aber ist sie gänzlich mit Felsen umgeben. Den Mangel an Wasser ausgenommen, welches die Einwohner von dem festen Lande holen müssen, ist sie sonst noch ziemlich fruchtbar, besonders am indianischen Korne. Sie ernährt auch viele Thiere. Es ist hier ein sehr ansehnlicher Perlenfang, und es giebt Kaufleute auf dieser Insel, welche 40 bis 50 Sclaven nur allein dazu halten. Alle Perlen werden von hier nach Cartagena geführet, wo man sie hernach durchbohren läst. Gemeiniglich finden sich hier im Monat Julius ein oder 2 Schiffe ein, welche die Einkünfte des Königes, und die den Kaufleuten zugehörige Perlen nach Cartagena führen. Die Ladung eines solchen Schiffes schätzt man gemeiniglich auf 60 bis 80000 Ducaten, daher sie auch mit Mannschaft wohl besetzet werden, denn die Spanier fürchten sich sehr für den englis. Schiffen, von welchen diese Gegend niemals leer ist. Eine Meile davon gegen das feste Land zu, liegt die Insel *Cubaqua*, welche nicht nur viel kleiner, sondern auch weit unfruchtbarer sowohl an Thieren und Nahrungsmitteln, als auch besonders an Wasser. Sie liegt 60 Meilen von St. Domingo, und nur 4 Meilen von der Provinz *Aria*, auf dem festen

festen Lande. Hier ist ebenfals ein sehr reicher Perlenfang, welcher die Insel berühmt macht.

Es giebt deren noch verschiedene in denen Mexicanischen Meerbusen, bey welchen ich mich aber nicht aufhalten will, da ich nur noch etwas weniges von dem in dem Südmeere gelegenen Lande Californien errinnern. Es ist noch nicht völlig ausgemacht, ob das Land Californien eine Insel, oder nur eine Halbinsel sey, welche mit den gegen Westen gelegenen Ländern bis nach *Kamtschabka*, zusammenhange, welches aber die neueste Entdeckungen in Rußland sehr glaublich machen. Gegenwärtig ist es in der Gewalt der Spanier, und vornehmlich der Herrn Jesuiten. Diese haben 20 oder 30 Jahre sich an selbige feste gesetzet, und eine ansehnliche Mission verrichtet. Ihre vornehmste Pflanzstadt liegt gerade an dem Vorgebirge St. Lucas, wo sie eine grose Anzahl von Wilden zusammengebracht, und dieselben zum Ackerbau und andern Haudwerkern zu gewöhnen, gesucht haben. Ihre Bemühungen sind auch nicht ganz unnütze gewesen; denn sie haben in ihren Colonien mit sehr gutem Erfolg Weinstöcke gepflanzt, und machen daraus bereits einen ansehnlichen Vorrath, der in der gelben Farbe der geringen Art des Madera Weins ähnlich, und in dem benachbarten Königreiche Mexico, schon in einigen Ansehen ist. Sie haben auch bereits ihre Gerichtsbarkeit mitten durch das ganze Land, von einem Meere zum andern ausgebreitet, und suchen nunmehro auch ihre Herrschaft weiter gegen Norden zu erstrecken. In dieser Absicht haben sie verschiedene Reisen auf den Meerbusen zwischen Californien und Mexico vorgenommen, um die Beschaffenheit der angrenzenden Länder zu entdecken, welche alle sie inskünftige unter ihre Gewalt zu bringen hoffen.